Landschaften der Frührenaissance

Arnold Esch

Landschaften der Frührenaissance

Auf Ausflug mit Pius II.

Verlag C.H. Beck

Für Doris

Landschaften
aus gemeinsamem Durchstreifen
von Natur und Archiv

Mit 25 Abbildungen, 1 Karte
und 2 Faksimiles

Gesetzt aus der Centaur MT
Druck und Bindung: Kösel, Krugzell
Umschlaggestaltung: Konstanze Berner, München
Umschlagabbildung: Pinturicchio, Pius-Zyklus im Dom von Siena,
Libreria Piccolomini
Gedruckt auf säurefreiem, alterungsbeständigem Papier
(hergestellt aus chlorfrei gebleichtem Zellstoff)
Printed in Germany
ISBN 978 3 406 57038 4

www.beck.de

Auf Ausflug mit Pius II.

Ein Papst erlebt die Landschaft der Frührenaissance

Die Naturschilderungen, die Pius II. im autobiographischen Text seiner *Commentarii* gibt, und der so unmittelbare und persönliche Ton, mit dem er dabei sich selbst in die Natur stellt, haben immer besondere Aufmerksamkeit gefunden. Diese Ausflüge, Sommeraufenthalte, Picnics im Grünen, geschildert nicht allein vom Papst selbst, sondern auch in lebhaften Briefen seiner Begleiter, sollen uns Gelegenheit geben, an der Seite eines solchen Mannes – von dem Jacob Burckhardt gesagt hat, «daß wenige andere dem Normalmenschen der Frührenaissance so nahe kommen»[1] – die Landschaft der Frührenaissance in ihrer Frische zu erleben. Machen wir uns darum mit seiner Persönlichkeit zunächst einmal bekannt,[2] bevor wir mit ihm ins Gelände gehen.

Enea Silvio Piccolomini hatte, als er 1458 zum Papst erhoben wurde, einen Weg hinter sich, der lange Zeit nicht in diese Richtung zu führen schien. 1405 in Corsignano (seit 1462 Pienza) geboren aus entmachteter und dadurch verarmter Sieneser Adels- und Kaufmannsfamilie, widmete er sich in Siena und Florenz intensiven Studien, die ihn zu einem der hervorragendsten Humanisten seiner Zeit werden ließen. 1432 begleitet er Kardinal Domenico Capranica zum Reformkonzil nach Basel, wo er mit den Großen von Kirche und Reich bekannt wird. Die zunehmend antirömische Linie des Konzils und die Idee des Konziliarismus eifernd in Wort und Schrift verfechtend (*Libellus dialogorum de concilii generalis auctoritate*, 1440), wird er Sekretär des Basler Gegenpapstes Felix V. und vom Konzil mit wichtigen Aufgaben betraut. Die Entsendung 1442 zum Frankfurter Reichstag bringt ihn Friedrich III. nahe, der ihn zum Dichter krönt und zum Sekretär der kaiserlichen Kanzlei ernennt.

Da lassen ihn, auf der Mitte seines Lebensweges, persönlicher Sinneswandel und wohl auch Karriere-Kalkül sein freizügiges Leben aufgeben: noch 1443 der Brief an den Vater, worin er die Zeugung eines Sohnes, mit einer Engländerin

Abb. 1: Pius II. Porträtbüste, Paolo Romano zugeschrieben.

in Straßburg, für das Natürlichste auf der Welt erklärt («Ich bin kein Kastrat, gehöre auch nicht zu den Frigiden, und bin auch kein Heuchler... Ich sehe nicht, warum man den Geschlechtsverkehr so verdammen sollte, da doch die Natur, die nichts ohne Sinn tut, allen Lebewesen diesen Trieb eingepflanzt hat»);[3] noch 1444 die Liebesnovelle *Euryalus et Lucretia* – nun 1446 die Weihe zum Subdiakon. Er tritt, wie andere, vom Konzil zu Eugen IV. über und wirkt fortan, im diplomatischen Dienst Friedrichs III., entschieden und gewandt für die Konkordate von König und Kurfürsten mit dem römischen Papst. Nach förmlicher Aussöhnung mit Rom 1445 wird er in Anerkennung seiner Verdienste 1447 Bischof von Triest, 1450 von Siena, 1456 Kardinal.

Seine Wahl zum Papst 1458 konfrontierte ihn mit den großen Problemen, die dem gewandten Kuriendiplomaten längst vertraut waren, nun in neuer Weise. Vor allem mußte er – das wurde von den Zeitgenossen auch eingefordert – seinen Sinneswandel glaubhaft machen. Daß der politische Gesinnungswandel früh angelegt war, deutet sich schon in seinen Traktaten an: aus Radikalisierung und Debakel des Konzils Konsequenzen ziehend, findet er vom Konziliarismus (vermutlich hatte er, in sonst spürbarer Abneigung des Aristokraten gegen das daheim siegreiche Volksregime, nur zeitweilig dem Konstitutionalismus als großem ‹modernen› Gedanken angehangen)[4] zur Anerkennung der monarchischen Gewalt erst des Kaisers, dann des Papstes zurück. «Verwerft Enea, haltet Euch an Pius»: auf diese Formel bringt es die sogenannte Retraktationsbulle *In minoribus agentes* – die Identität von Enea und Pius (im wörtlichen Sinne als Frage nach der Übereinstimmung beider) ist eines der Kernprobleme der Pius-Forschung, entsprechend disparat sind die über Pius entworfenen Charakterbilder: wie sehr ist Pius immer noch Enea?

Nach den Turbulenzen von Schisma und Reformkonzilien hatte er nun, entgegen früher demonstrierter Haltung, die Position des Papsttums um den Preis von Verhärtung und Restauration wieder zu konsolidieren und den Konziliarismus zurückzudämmen: so durch die Bulle *Execrabilis* von 1460 gegen den «Mißbrauch» der Appellation an ein allgemeines Konzil. Dabei war es ihm mit der Reform ernst: eine früh einberufene Kommission erarbeitete Reformentwürfe (Nikolaus von Kues, Domenico dei Domenichi, Pius selbst), die tatsächlich beim Haupt und nicht nur bei den Gliedern beginnen wollten,[5] die umzusetzen der gute Wille eines Pontifikats aber nicht reichte – was Pius II. und Nikolaus von Kues damals gemeinsam nicht geschafft haben, das war damals wohl auch nicht zu schaffen. So änderte sich praktisch nichts, und auch die pastorale Strenge, mit der Pius seinen Kardinälen verschiedentlich ins Gewissen redete und auf die er sich in seinen *Commentarii* viel zugute hielt, richtete nichts aus: der viel zitierte scharfe Brief, den der junge Kardinal Borgia nach einem rauschenden Sommerfest – mit schönen Frauen und ausgesperrten Ehemännern – vom Papst erhielt,[6] wird den Borgia denn auch nicht daran hindern, der zu werden, der er wurde.

Im übrigen waren seine nepotistischen Neigungen nicht so gering, seine Kardinalserhebungen nicht so eindrucksvoll, wie seine erklärten Maßstäbe erwarten ließen.[7] Von ausgezählten 820 Ernennungen galten nicht weniger als 15 % Verwandten oder Sienesen. Und man wünschte sich diese seine Leute und auch den Kardinals-Schub von 1461 einmal von Pius' Feder porträtiert zu sehen, wenn sie nicht von ihm, sondern von einem andern erhoben worden wären!

In der italienischen Politik war er – im Zuge der Zeit und genötigt durch die Reformkonzilien, die das Papsttum auf den Kirchenstaat verwiesen – mehr Territorialfürst als frühere Päpste. Den Kirchenstaat behielt er im Kampf gegen Signori wie den verhaßten Sigismondo Malatesta notdürftig in der Hand. In der großen Politik suchte er vor allem den Einfluß des französischen Königs auf Italien und die Kirche einzugrenzen (im Thronfolgestreit um Neapel darum die Entscheidung für Ferrante von Aragon gegen die französischen Anjou), in steter Furcht vor den Unabhängigkeitsgelüsten von König und Kirche (sog. ‹Gallikanismus›) und der möglichen Einberufung eines (nach Konstanz und Basel: dritten) Konzils im Bunde mit der deutschen Fürstenopposition. Ein weiteres Konzil, wie es das Reformdekret *Frequens* von 1417 doch vorsah, durfte nicht sein: seine eigene konziliare Vergangenheit ließ ihn nicht los und stellte ihm vor Augen, was er da – nun selber Papst – gegebenenfalls zu erwarten hatte.

Den ganzen Pontifikat durchzog der unbeirrbar verfolgte Plan eines Kreuzzugs gegen den Eroberer Konstantinopels, Mehmed II. Er gab dem sogleich erste Priorität durch Einberufung eines Kongresses nach Mantua, demonstrative Geste gleich zu Anfang, daß etwas Großes, allen Einsichtiges, Vordringliches auch wirklich getan werde, vom Papst getan werde. Es mag dabei eine Nebenabsicht gewesen sein, die Christenheit auf bessere Gedanken zu bringen als die Einberufung eines Konzils. Der energisch betriebene, langdauernde Türkenkriegs-Kongreß scheiterte jedoch an den unannehmbar hohen politischen Gegenforderungen der einzelnen Fürsten, die sich von des Papstes brillanter Rhetorik und seiner prinzipiellen Bereitschaft zum Entgegenkommen (auch im wörtlichen Sinne: bis Mantua nämlich) nicht beeindrucken ließen.[8] So setzt sich Pius endlich persönlich an die Spitze einer venezianischen Flotte, stirbt aber bei deren Eintreffen in Ancona.

Abb. 2: Ein ungewöhnlicher Blick auf Rom, gewissermaßen aus den Fenstern Pius' II. Statt der bis dahin üblichen Ansicht vom Monte Mario (mehr Idealbild als Anschauung) hier das erste realistische Rom-Panorama, in einer Miniatur der von Francesco del Borgo (dem Architekten Pius' II.) in Auftrag gegebenen, 1457 vollendeten Euklid-Handschrift. Der Blick geht von den vatikanischen Gärten über den Papstpalast, mit dem zentralen Cortile del Maresciallo (davor die Cappella Magna, dahinter die Türmchen der Ostfassade) und dem Campanile von St. Peter auf die Stadt in der Tiberschleife: links der Laufgang zur Engelsburg mit dem Tiber, in der Mitte die Kuppel des Pantheon, beidseits des Baumes das Kapitol mit S. Maria in Aracoeli und dem Senatorenpalast, vorne rechts der Nordhang des Gianicolo. Biblioteca Apostolica Vaticana, Cod. Vat. lat. 2224 fol. 98r.

Kennzeichnend für Pius waren sein bewußter Führungs- und Repräsentationsstil,[9] anspruchsvoll und doch ohne Aufwand, und der demonstrative Einsatz der eigenen Person, wie man sie diesem kleinen, zierlichen Mann (klein «genauso wie sein Familienname sagt», bemerkt einer seiner damaligen Biographen), von schwächlicher Konstitution, gichtkrank und mit früh vergreisten Gesichtszügen (Abb. 1), nicht zugetraut hätte. Gesandten erwiderte er, was unter den Päpsten seiner Zeit keineswegs üblich war, persönlich in freier programmatischer Rede. Hoher Anspruch und geringe Mittel setzten seinem Repräsentationswillen und seinem Mäzenatentum Grenzen (der Aufwand von Tod und Krönung folgte freilich anderen Gesetzen: allein für das Begräbnis des Vorgängers und die eigene Krönung hat die Apostolische Kammer 1458 ebenso viele Tuche gekauft wie dann noch im gesamten Pontifikat Pius' II.): auch bei der Umgestaltung seines Geburtsorts zur «Pius-Stadt» *Pienza*, für die erst einmal 38 der rund 320 Häuser des Ortes angekauft wurden, trug er selbst nur Kathedrale, Rathaus und Familienpalast bei. Doch verstand er es, andere zum Mäzenatentum anzustiften und seine Kardinäle in künstlerischer Repräsentation miteinander rivalisieren zu lassen.[10] Nur einen größeren Teppich zum Fenster herauszuhängen oder eine dickere Kerze vor sich herzutragen reichte nun nicht mehr, jetzt mußte man sich vor den kritischen Augen eines geschmackssicheren Fürsten und einer anspruchsvoll werdenden Öffentlichkeit doch anderes einfallen lassen.

Eine breite schriftstellerische Tätigkeit weist ihn früh als gewandten Briefschreiber und fruchtbaren Autor von historischen, geographischen, literarischen, publizistisch-kirchenpolitischen Schriften aus.[11] Seine Werke zeigen zugleich eine überlegte Selbstdarstellung vor Mitwelt und Nachwelt. Humanisten, Literaten, Poeten hatten darum in seinem Pontifikat einen anderen Stellenwert, weil Pius, für die Darstellung seiner Person selbst zuständig, ihnen ihre Funktion genauer zuzumessen wußte als andere Päpste: kompetent fördernd, kompetent ignorierend.

Die publizistischen Traktate zeigen früh einen Argumentationsstil, der ihn auch später noch in seinen Reden und den *Commentarii* kennzeichnet: das ungeniert Subjektive in Auswahl und Arrangement der Argumente, die alles auf eine suggestive Gedankenführung abstellen. Seiner Neigung zu politischer und historischer, nicht dogmatischer und juristischer Argumentation entspricht die früh hervorgekehrte Abneigung gegen den Typ des Juristen. Schon im *Libellus dialogorum* von 1440 spielt er gegen die Jurisprudenz die Rhetorik aus, gegen den Juristen, der «wie Elster und Papagei» doch nur große Rechtsgelehrte herunterplappere, stellt er die Figur des Sekretärs, der auf der Höhe der aktuellen Situation ist, weil er mit Sprachbeherrschung, Menschenkenntnis, Herrschaftswissen das Notwendige selbständig zu erkennen und suggestiv durchzusetzen vermag: eben den Typ des humanistischen *secretarius* im Staatsdienst.[12] Und das ist er natürlich selbst. Daß er dabei gleichwohl über gute Kenntnis der Rechtsquellen verfügte, besagt noch nicht, daß sein demonstrativer Widerwille gegen die Jurisprudenz darum bloße Vorspiegelung gewesen wäre.[13] Entscheidend ist doch, daß er nach seinem Selbstverständnis nicht Jurist, überhaupt: nicht Spezialist war, sondern (heute sagt man:) ‹Generalist›, er sagt ‹Philosoph› – ein Mann also, der alle Dinge im Blick hat, der darum das Recht nicht nur von innen sieht, sondern auch von außen, und vor allem als nur *eines* unter anderen Elementen im Prozeß der Entscheidung.

Und nicht nur daß er so gesehen sein wollte, tatsächlich argumentiert Pius auch so in der konkreten politischen Entscheidung, etwa in seiner großen Mantuaner Rede zur Thronfolgefrage in Neapel: wie er da Verhalten, Vorgehen, Entscheidungen nicht einfach als rechtlich vorgegeben konstatiert, sondern aus konkreten Situationen in suggestiver Gedankenführung zwingend ableitet, als rechtlich *und* moralisch *und* politisch *und* geschichtlich geboten darstellt, und die Argumentation auf sein Gegenüber berechnet.[14] Immer wieder läßt er uns in seinen *Commentarii* mit ihrer schonungslosen Porträtierung seiner Kardinäle wissen, wie er seine Gesprächspartner bearbeitet, und welches seiner vortrefflichen Argumente wohl den Durchbruch gebracht habe. Daran ist viel Eitelkeit, aber auf *welchem* Schauplatz er seine Eitelkeit tummelt, sagt viel über ihn und über das aus, was er als seinen Stil erkannt sehen wollte. Man hat das opportunistisch genannt, man sollte es *politisch* nennen, zumal er, bei allem Gespür für das Opportune, als Papst unverkennbar Grundsätze zu wahren suchte.

Pius starb 59jährig nach sechsjährigem schwierigen Pontifikat, in dem er sich zeitweilig bis zur Verzagtheit von Problemen umstellt sah, die – Konziliarismus, Frankreich, Schisma, Fürsten, Türken – untergründig miteinander verbunden schienen wie kommunizierende Röhren, und man wird ihm im Nachhinein zubilligen müssen, daß man den Horizont tatsächlich so düster sehen konnte, wie er es tat. Der Spielraum war also gering, wenn man Grundsätze zu haben versuchte und: wenn man etwas tun wollte. Man mußte ja nichts tun: man konnte ja auch im Papstpalast sitzen und antike Gemmen anschauen. Aber dieser Papst *wollte* handeln, und er wollte sofort handeln, weil er die anstehenden Probleme wirklich kannte; weil er mehr erreichen wollte als seine Vorgänger (ein agonaler Zug, der in den *Commentarii* sehr deutlich zutage tritt); und wohl auch ahnend, daß ihm für verantwortliches Handeln und für die Übermittlung seines Bildes an die Nachwelt nicht mehr viel Lebenszeit zur Verfügung sein werde.

Es versteht sich, daß Pius, aus der niedrigen Augenhöhe des Menschen in seiner Zeit, das Relief der Probleme anders wahrnahm – während wir, vom überhöhten Standpunkt des Historikers aus, die Probleme dieser Zeit vielleicht etwas anders gruppieren und gewichten, einfach weil wir wissen, wie es weiterging: weil uns historischer Überblick zufällt, während der Zeitgenosse politischen Durchblick beweisen muß. Daß etwa die Unruhe der Römer, die diesen Papst so häufig noch peinigen wird, keine wirkliche Bedrohung mehr war; daß, anders gesagt, fortan kein Papst aus Rom mehr wird fliehen müssen, das wissen nur wir. Aus Pius' Perspektive hingegen stellt sich das ganz anders dar, schließlich war die Porcari-Verschwörung gegen Nikolaus V. erst wenige Jahre her.

Geistiger Rang, Aufrichtigkeit und persönlicher Einsatz machen Enea-Pius zu einer der anziehendsten Persönlichkeiten seiner Zeit. Und wir werden ihm auf seinen Ausflügen noch näher kommen.

Im folgenden sei der Papst auf seinen Ausflügen begleitet, und dazu seien einige Fragen gestellt, wie sie dem Historiker kommen. Es geht also nicht um das große Thema des ‹Papstes auf Reisen› (wie, im Fall von Pius, der Reise zum Kongreß von Mantua, die jüngst im Mittelpunkt einer ganzen Tagung stand),[15] sondern um Exkursionen in begrenzten landschaftlichen Räumen – auch wenn da die Übergänge fließend sind: denn auch Reisen werden zu bewußtem Aufenthalt in der Landschaft genutzt, Reise-Etappen zum Ausgangspunkt von Ausflügen genommen. Pius, der in seinen geographischen Abhandlungen ganze Länder beschrieb, in seiner Reise nach Mantua ganze Landschaften Italiens aufmerksam durchmaß, verstand es auch, begrenzte Landschaften in den Blick zu nehmen, Natur von nahem zu beobachten und mit allen Sinnen aufzunehmen.[16] Und er gibt dabei zu erkennen, welches Glücksgefühl ihm gerade das bereitete.

Und dazu nahm er sich oft Gelegenheit. Dieser Papst hat einen großen Teil, ja mehr als die Hälfte seines Pontifikats auf Reisen und Aufenthalten außerhalb Roms verbracht, von 71 Monaten Pontifikat nicht weniger als 38 – Abwesenheiten so ausgedehnt, daß das Folgen haben mußte für die Effizienz einer Verwaltung, von der ein Norditaliener ohnehin keine gute Meinung hatte: «Eure Hoheit glaube bloß nicht, daß es bei der weltlichen Herrschaft hier so geregelt und so schnell zugehe wie bei Euch; der Papst hat auch gar nicht das Geld, um große Sprünge machen zu können».[17] Folgen aber vor allem für Rom

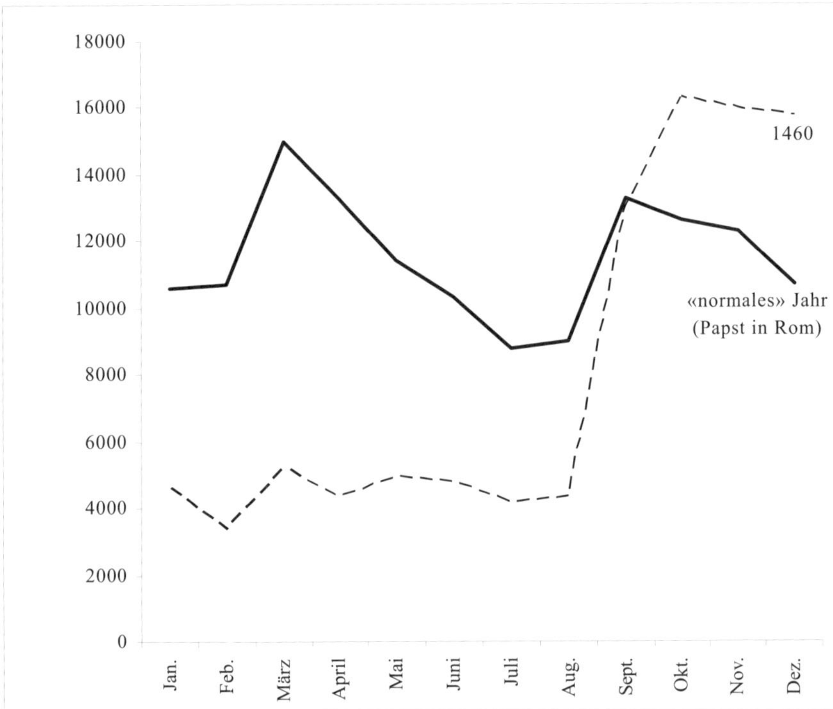

Abb. 3: Die langen Abwesenheiten dieses Papstes hatten für Rom fatale Wirkung, denn der Hof zog die Wirtschaft. Pius sagte es bei seiner Rückkehr den Römern ins Gesicht, aber die wußten das schon selber – und es läßt sich aus den Zollregistern auch statistisch nachweisen. Hier die Kurve der (für die Stadt, nicht den Hof!) bestimmten Importe für das Jahr 1460, als Pius erst Anfang Oktober zurückkehrte. Während in ‹normalen› Jahren (schwarze Linie) das Importvolumen seine gewöhnliche Höhe in jahreszeitlichen Schwankungen hat (Frühlingshoch, Sommertief, Herbsthoch), bleibt die Kurve 1460 (gestrichelt) zunächst weit unter dem Mittel, schnellt aber auf die Nachricht von der bevorstehenden Rückkehr des Papstes brüsk nach oben und sogar – wegen des Nachholbedarfs – über den üblichen Wert hinaus. Große Florentiner Firmen wie Medici und Cambini beginnen mit ihren Lieferungen überhaupt erst im September (Schätzwert der Waren in ducati di camera).

selbst. Aus den römischen Zollregistern läßt sich nämlich ersehen, daß das Volumen der Importe nach Rom während der langen Abwesenheiten dieses Papstes auf 60–70% «normaler» Jahre sank (vor allem die Florentiner Firmen, die den Luxuskonsum des Hofes bedienten, zeigten sich dann am römischen Markt desinteressiert); daß die Zahl der vom Meer her in den Tiber einlaufenden Schiffe gleichfalls auf rund 60–70% herunterging.[18] Da es im folgenden eher literarisch zugehen wird, seien mit diesen Forschungsresultaten zunächst handfest die realen Bedingungen und Auswirkungen solcher Reiselust und langer Villeggiaturen vor Augen geführt. Es ist ein großer Unterschied, ob ein Vergil die Freuden eines Hirten am Leben in freier Landschaft bedichtet, oder ein Herrscher seine eigenen beschreibt! Denn Pius' Ausflüge spielen nicht in einem zeitlosen Arkadien, sondern im Italien der Condottieri, seine Natur-Schilderungen stehen in den *Commentarii*[19] mitten zwischen Gedanken über große Politik, zwischen Entscheidungssituationen eines harten politischen Alltags.

Damit ist bereits gesagt, daß sich der Historiker diesen Texten – auch den so literarisch wirkenden Beschreibungen seiner Ausflüge ins Gelände – anders nähert als der Philologe und Literarhistoriker, der bei solchen Texten vor allem nach dem *genus*, den Vorbildern, der literarischen Originalität fragt. Daß das gerade bei Pius seinen Sinn hat, ist keine Frage. Natürlich hat Pius seine Beobachtungen, seine Empfindungen, seine Erfahrung von Natur und Landschaft hin und wieder in die Worte klassischer Autoren gekleidet, ja auch – immer ohne Angabe der Quelle – Formulierungen seines Zeitgenossen Leonardo Bruni wörtlich übernommen. Das ist inzwischen im einzelnen nachgewiesen worden:[20] man erwartet es ja gar nicht anders und tue nicht so, als habe man ihn auf uneingestandenen Entlehnungen ertappt. Aus solchen Entlehnungen dann vielleicht gar noch schließen zu wollen, daß seine faszinierenden Landschaftsbeschreibungen womöglich gar nicht mit eigenen Augen gesehen und nicht mit eigenen Empfindungen erlebt, sondern am Schreibtisch zusammengestückte Literaturzitate seien, wäre entschieden ein Fehlschluß.

Seine Bukolik ist keine Bukolik vom Schreibtisch, sondern ein tiefes persönliches Bedürfnis, das ihn, den Gichtkranken, unter Schmerzen die Erfahrung freier Natur suchen ließ. Wenn im folgenden manchmal der Eindruck entstehen könnte, Pius solle gegen diese – nicht deutlich ausgesprochene, aber vage im Raum stehende – Unterstellung entliehener Beobachtungen, geborgter Empfindungen in Schutz genommen werden, dann ist dieser Eindruck richtig. Seine Naturschilderungen bleiben, das hat schon Jacob Burckhardt gesehen, auch so das Zeugnis eines ungewöhnlichen Mannes und einer neuen Zeit.[21]

[16] Es geht in dieser Untersuchung indessen nicht um die Entwicklung des Naturempfindens zwischen Mittelalter und früher Neuzeit,[22] sondern um viel Begrenzteres (das zu jener großen Frage freilich beitragen sollte): den Papst auf seinen Ausflügen zu begleiten, die Texte gewissermaßen beim Worte zu nehmen (um die schlichteren Kategorien, mit denen der Historiker an die Sache herangeht, einmal so zu formulieren), und dazu einige Fragen zu stellen. Etwa die Frage, inwieweit diese Ausflüge, Besichtigungen, Mahlzeiten im Freien auch in anderen Quellen dokumentiert sind, z. B. in den Briefen von Teilnehmern; oder in den Rechnungsbüchern des Pontifikats (die Entsprechung zwischen Erzählung und Zahlungsbeleg eines Ausflugs ist ja früh gesucht worden).[23] Die Frage, ob sein Gefolge diese Neigung zu spontanen Aufbrüchen und frugalem Essen wohl ebenso euphorisch geteilt hat. Die Frage, wie weit sich in seinen bisweilen so poetisch klingenden Landschaftsschilderungen die Objekte – wie antike Ruinen, Einsiedeleien, Waldstücke usw. – als Realien identifizieren lassen oder bloß vage Requisiten eines Natur- und Antiken-Enthusiasmus bleiben (um es gleich zu sagen: sie lassen sich alle als real identifizieren!). Die Frage, ob diese scheinbar so spontanen, unschuldigen Routen und Aufenthalte nicht manchmal auch einen politischen Hintersinn haben konnten oder der Pest ausweichen wollten. Und weitere Fragen.

Im übrigen hat es Sommeraufenthalte der Kurie auch vorher schon gegeben.[24] Und natürlich haben auch andere Päpste auf ihren Reisen manchmal im Freien gespeist, da man nicht immer eine Etappe mit würdigem Gebäude erreichte. Umso mehr muß herausgestellt werden, was bei den Ausflügen, Sommeraufenthalten, Essen im Grünen von Pius II. denn eigentlich das Neue war. Hat sich dieser Papst doch sogar in Rom, und nicht nur in Villeggiaturen, gern aus der Stadt (die beim Vatikan ja damals auch schon endete) hinaustragen lassen unter

Abb. 4: Der Hl. Bernardin von Siena heilt ein krankes Mädchen. Tavolette dei Miracoli di S. Bernardino, *erste Tafel (dem jungen Perugino zugeschrieben), 1473: Perugia, Galleria Nazionale dell'Umbria. Doch ist hier anderes als das darzustellende Geschehen in den Mittelpunkt geraten: die Landschaft. Ein schmales Tal zwischen baumbestandenen grünen Hängen gegen ferne Berge, der Ausblick gerahmt durch prächtige, eine Flucht von Pfeilern abschließende Bogenarchitektur, die bis in die Ausgestaltung der Zwickel und der Scheitelkonsole einem antiken Triumphbogen (mit der Inschrift des Titusbogens) nachgebildet ist.*

S·P·Q·R·DIVO·TITO·DIVI·VESPAS
NI·F·LIO·VESPASIANO·AVGVSTO
A·D·M·C·C·C·C·LX·X·III·INIA

 irgendwelche Bäume: «Es vergeht eigentlich keine Woche, daß er sich nicht 2 oder 3 Meilen irgendwo nach draußen in einen Wald tragen läßt, und da wird denn auch das Essen hingebracht, und abends kommt er wieder nach Hause».[25]

Es liegt nahe, die Hingabe an die Landschaft, wie sie uns in den folgenden Texten entgegentritt, auch in der Malerei der Zeit aufzusuchen und mit der neuen Auffassung von Landschaft in Beziehung zu setzen, wie sie vor allem seit dem zweiten Viertel des Quattrocento sichtbar wird: daß man nicht nur auf den Gekreuzigten blickt, sondern unter seinen Armen hinweg auf Landschaften, ja daß die Landschaften des Hintergrunds sich bisweilen in das eigentliche, das Heilsgeschehen des Vordergrunds hineindrängen. Natürlich wird man, wenn es um neue Landschaftsauffassung, neue Lebenserfahrung, neuen Lebensstil geht, immer mit Petrarcas Brief über seine Besteigung des Mont Ventoux 1336 beginnen. Aber man muß auch erkennen, daß die Zuwendung zur Landschaft, wie sie uns nun, um die Mitte des Quattrocento, in Wort und Bild begegnet, wiederum etwas Neues ist: eine Lust des Schauens, die nicht von *cogitatio* und *contemplatio* überlagert oder angeleitet wird – sondern Natur, wahrgenommen mit den eigenen Sinnen auch ohne transzendenten Bezug. Oder andersherum: man kann und man *darf* inzwischen mit reiner Sinnenfreude einfach Natur wahrnehmen, ohne sich mit allegorischen Gedanken dafür rechtfertigen zu müssen. Auch wenn man bisweilen der Auffassung begegnet, von Naturempfinden und Landschaftserleben im 15. Jahrhundert zu sprechen sei anachronistisch, so als sei schon die Verwendung der bloßen Begriffe dem Zeitalter der Romantik reserviert, werden sie im folgenden doch ungeniert verwendet, wohl wissend daß sich diese Begriffe unterschiedlich füllen. Die Einsamkeit der Natur hat Pius gewiß nicht gesucht.

Doch soll das hier nicht unser Thema sein.[26] Die beigegebenen Landschafts-Ausschnitte wollen nur auf solche Entsprechungen anspielen. Um nicht den Eindruck zu erwecken, sie wollten Episoden aus Pius' Ausflügen illustrieren, wird hier ausdrücklich darauf verzichtet, vom Text auf die Abbildungen zu verweisen.

Wie legitim es jedenfalls ist, solche Bezüge zu sehen, und daß schon die Zeitgenossen solche Bezüge herstellten, dazu nur eine Aussage, wie sie der Historiker aus seiner Kenntnis der Alltagsquellen den – den Kunsthistorikern vertrauten – Kunsttraktaten der Renaissance zur Seite stellen kann (und die uns auch ermutigen könnte, die Dinge schlichter zu sehen). In einem Brief der Gonzaga-Korrespondenz findet sich 1460 die erstaunliche Beobachtung, das Volk, das dem Papst damals bei seinem Einzug in Florenz zujubelte, habe in Gesichtern

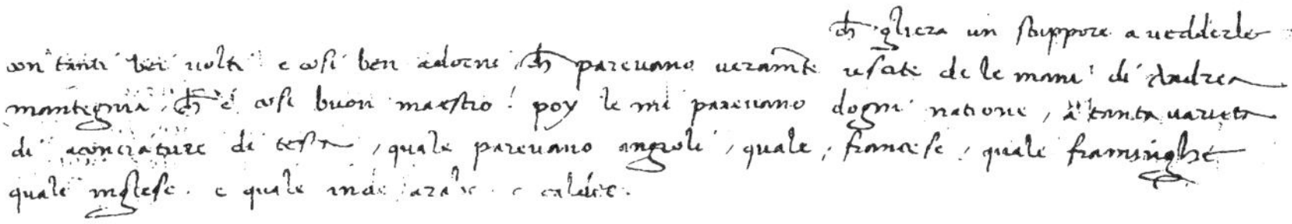

Unter den Menschen, die beim Einzug Pius' II. 1460 in Florenz an der Straße standen, sah man so viel schöne Gesichter und schmucke Kleidung, «daß sie wirklich wie von Andrea Mantegna gemalt schienen». Der Höfling, der sich in seinem Brief an die Markgräfin Barbara Gonzaga zu solcher Formulierung aufschwingt, sieht nicht, wie üblich, im Pinsel des Künstlers die Hand der Natur, der Wirklichkeit, sondern umgekehrt in der Wirklichkeit den Pinsel, die Auffassung des Künstlers! Archivio di Stato Mantova, autorizzazione 53/2007, Archivio Gonzaga b. 1099 c. 735 v.

und Aufmachung auf ihn, den Augenzeugen und Briefschreiber, gewirkt «wie von Andrea Mantegna gemalt», *parevano veramente uscite da le mani di Andrea Mantegnia.*[27] (s. Faksimile S. 19) Dieser Zeitgenosse sieht am Straßenrand Menschenmenge als «Mantegna»: sieht nicht, wie üblich, im Pinsel des Künstlers die Hand der Natur, der Wirklichkeit, sondern umgekehrt in der Wirklichkeit den Pinsel, die Auffassung des Künstlers!

Beginnen wir, um rasch und konkret in die Thematik hineinzukommen, mit zwei Sommeraufenthalten und ihren Ausflügen. Der lange Sommeraufenthalt 1461 in Tivoli mit seinen vielen kleinen Ausflügen ist ein Beispiel. Oft zieht der Papst mit den Kardinälen hinaus, sitzt mit ihnen im Gras unter Olivenbäumen, schaut in die klaren, nach den Kaskaden allmählich sich beruhigenden Wasser des Aniene, bespricht mit ihnen im Schatten der Bäume Staatsgeschäfte und empfängt Gesandte.[28] Man besichtigt Aniene-aufwärts die gewaltigen Reste der römischen Aquädukte;[29] besucht flußabwärts die *Villa Adriana*, eine ganze Ruinenlandschaft «wie eine große Stadt», *instar magni oppidi*, beschrieben mit ihren halbverfallenen Sälen, Säulen-Portiken, Wasserbassins, mit elegischem Blick auf die einst kostbar verkleideten, nun mit Efeu verhängten Mauern, auf die nun von Dornengebüsch besetzten Räume der Mächtigen.[30] Ein Sommeraufenthalt in heiterer, gelöster Stimmung – aber man täusche sich nicht: während dieser Idylle läßt Pius in Tivoli den Bau der päpstlichen Festung beginnen![31]

Von hier aus dann ein längerer Ausflug nach Subiaco, 14. bis 16. September 1461, um dann in weiteren 3 Tagen über Paliano und Palestrina nach Tivoli zurückzukehren.[32] Also ein Ausflug aus der Villeggiatur, nicht zur Flucht aus der Hitze des Sommers noch höher hinauf (denn der Sommer war ja schon vorbei, *estate iam exacta*) und nicht in offiziellen Geschäften (wenngleich er natürlich auch solche Gelegenheiten für politische Gespräche nutzte, hier: mit den Colonna), sondern *laxandi animi gratia*, zur Erholung: auf Einladung des Kardinalkommendatars Johannes de Torquemada *peregre*, durch die offene Landschaft, nach Subiaco ziehend. Über Vicovaro, wo wie in Tivoli wieder der schöne Ausblick aus seiner Unterkunft geschildert wird, *ex quo gratissimus reddebatur aspectus* auf Aniene und die Vegetation der Talhänge, geht es langsam flußaufwärts immer nah am Ufer, *nusquam procul ab Aniene*, gewiß auf der alten Via Valeria, die sich auf der engen Talsohle hier dicht am Fluß halten muß.[33] In diesem Tal läßt Pius ein erstes Picnic machen, bestaunt von den Leuten, die von den hier tatsächlich «sehr hoch gelegenen Burgsiedlungen» (man denke an Saracinesco, 900 m, an Cervara di Roma, 1050 m) zu diesem nie gesehenen Ereignis herunterkommen.

Der Wasserreichtum, den er nun mit Entzücken beschreibt, ist tatsächlich der eigentliche Charakterzug dieser Landschaft, denn nun nähert sich der Zug dem Fuß der Monti Simbruini, die – von *sub imbribus* – den Regen geradezu im Namen tragen: von hier, wo sich Via Valeria und Via Sublacensis gabeln, speisten sich die meisten römischen Aquädukte (und entnimmt das römische Wasserwerk ACEA noch heute Wasser). Bei der Beschreibung der Quellen dieser Aquädukte wurde sogar ein prosaischer Fachschriftsteller, Trajans Aquäduktbeauftragter Frontinus, poetisch – um wieviel mehr nicht Pius:[34]

> «Man kann kaum sagen, wie viele Bäche glitzernd in den Aniene herabfließen, wie viel Wasser unaufhörlich auf beiden Seiten des Flusses hervorquillt. Doch unterhalb von Agosta kommt soviel Wasser mit Gewalt aus dem lebenden Fels hervor, wie es vier oder mehr Mühlen zu unaufhörlichem Antrieb brauchen. Der Quellbach erstreckt sich zwischen den Steinen über eine ganze Fläche, nicht tiefer als ein Mensch hoch. Sein Boden glänzt von Kieseln, die sich wegen der einzelnen Strömungen nicht ohne sanftes Murmeln immer wieder bewegen. Das Wasser ist kristallklar, durchsichtig bis auf den Grund, kühl und wohlschmeckend.»

Wasser gesehen, gehört, gefühlt, geschmeckt – eine Leidenschaft für lebendiges Wasser, die sein Biograph Giovanni Antonio Campano ausdrücklich hervorhebt.[35] Darum ist dies, natürlich, der nächste geeignete Platz für eine Mahl-

Abb. 5: Mühle an bewaldetem Ufer. König David im Gebet: Miniatur in einer Bibelhandschrift des späten 15. Jahrhunderts. Florenz, Biblioteca Medicea Laurenziana, Ms. Pl. 15.17, fol. 2v, Ausschnitt. – Von lebendigem, fließendem Wasser fühlte sich Pius II. besonders angezogen, wie auch Briefe seines Gefolges hervorheben: hierhin verlegte er Mahlzeiten, Arbeitssitzungen, Ruhestunden. Wenn Quellen so stark waren, daß ihr Wasserschwall sogleich Mühlen treiben konnte, war ihm das der Erwähnung wert (Comm. S. 406).

zeit im Grünen: *super hunc fontem pontifex cum cardinalibus pransus est*, das klare Quellwasser dem Wein vorziehend und auch seinen Kardinälen diesen Geschmack unterstellend. Daß Landleute auf den umgebenden Wiesen in großer Zahl zusehen und von den Speisen abbekommen, mag an die biblische «Speisung der Fünftausend» anklingen – aber so wird es tatsächlich gewesen sein, denn warum sollten sich die Bauern den Anblick eines Papstes in ihrem entlegenen Tal entgehen lassen, und warum sollte der päpstliche Zug nicht von den Speisen an Umstehende verteilen, wo er doch nur wenige Meilen weiter schon von einem wohlversehenen Gastgeber erwartet wurde? Die Menschen, die im Fluß waten und jede gefangene Forelle unter Geschrei dem am Ufer entlangziehenden Papst zeigen,[36] das ist eine unverwechselbare Beschreibung von Pius – typisch auch darin, daß das stimmungshafte Bild brüsk durch die nüchterne landeskundliche Information unterbrochen wird, in diesem Fluß könne man außer Forellen kaum einen anderen Fisch fangen. So wird endlich Subiaco erreicht.

Zu Subiaco eine Zwischenbemerkung: nur 4 Jahre später, im Herbst 1465, wird hier im Kloster, in S. Scolastica, das erste Buch in Italien gedruckt werden.[37] Mit Pius II. hat das insofern zu tun, als der Frühdruck ihn durchaus interessierte (auch wenn er ihn in Rom gerade nicht mehr erlebte). Wir wissen das durch den Fund eines ungewöhnlichen Briefes, in dem Enea Silvio 1455 aus Wiener Neustadt an Kardinal Juan Carvajal schrieb, in Frankfurt sei (wohl anläßlich des Reichstages vom Oktober 1454, an dem Enea als Rat des Kaisers Friedrich III. teilnahm) ein Mann aufgetreten, der dort Bibeln verkaufte, von denen er, Enea, einzelne Lagen gesehen habe «in höchst sauberer und korrekter Schrift (*mundissime ac correctissime littere*), die Du ohne Mühe und ohne Brille (*absque berillo*) lesen würdest»; 158 oder sogar 180 Bände seien schon fertiggestellt. Oktober 1454! Dieser Brief könnte das früheste Zeugnis der Gutenberg-Bibel sein.[38] So sei beim Betreten von Subiaco, wo schon 4 Jahre nach Pius' II. Ausflug die ersten Bücher in Italien gedruckt werden, an die erste Begegnung eben dieses Papstes mit dem frühen Buchdruck im fernen Deutschland nur 7 Jahre zuvor erinnert.

Zurück in die Landschaft von Subiaco. Neben der Schilderung von Landschaft in ihren großen Linien von Berg und Tal wird bei Pius oft auch die *kleine* Natur in den Blick genommen: aus nächster Nähe ein Blick auf einige Obstbäume, oder auf ein Stückchen kultivierten Landes wie nun beim Kloster Subiaco die liebevoll beschriebene, aus dem Felsen geschlagene *vigna*, und dann, wer sich dieses kleine Paradies geschaffen hatte: der Bischof, der in dieser dramatischen Felslandschaft zum Einsiedler wurde.[39]

Beiläufig sei hier kurz auf die wenig bekannte Schilderung eines anderen Papstaufenthaltes in Subiaco hingewiesen, die schon die Landschaft des Platzes beachtet und – eben dadurch, und durch ihr frühes Datum – ungewöhnlich ist. Es handelt sich um einen Brief über den Sommeraufenthalt der römischen Kurie unter Innozenz III. in Subiaco 1202,[40] ein Text, der in all seinen verstiegenen literarischen Wendungen doch ein persönliches Landschaftserlebnis durchscheinen läßt: der Blick auf den See (oder das, was von den neronischen Stauseen – von daher Subiaco, *sub lacu* – übriggeblieben war),[41] in dem die Kurialen gerne schwimmen; Anblick und Geräusch des fließenden Wassers, der Papst seine Hände ins Wasser tauchend und damit gurgelnd (*frigido gargarismo*);[42] Weinreben zwischen den Bäumen hängend, steiler Anstieg zwischen Ruinen (der neronischen Villa, *collem ascendimus per ruinas*). Aber auch das Zelt des Papstes, die angeräucherten Zelte der päpstlichen Küche, die hier laut ihre Produkte anbietenden Bauern, die Belästigung durch Mücken und Zikaden usw. – ein Brief wohl aus dem Umkreis des Kardinals Ugolino da Ostia, des späteren Papstes Gregor IX.

Der Ausflug Pius' II. nach Subiaco ging, mit Rückweg über die Colonna-Kastelle Paliano, Genazzano, Palestrina und weiteren beschriebenen Essen im Freien, schon nach 5 Tagen zu Ende. Die Beschreibung dieser nur 5 Tage beansprucht bei Pius nicht weniger als ein Zehntel des gesamten 6. Buches der *Commentarii,* das so wichtige Themen enthält wie die Opposition der deutschen Fürsten gegen den Kaiser, den Krieg zwischen Frankreich und England, das Eingreifen Burgunds in den Krieg und die Geschichte von Jeanne d'Arc, die Bedrohung des Papsttums durch die Pragmatische Sanktion, Scanderbeg und den Kampf um Albanien usw. – und doch wird soviel Platz noch herausgeschnitten für 5 Tage Ausflug mit mehreren genau lokalisierten und beschriebenen Mahlzeiten im Grünen! Daß diese Essen im Freien ihm viel bedeuteten, sagt schon viel aus über ihn. Aber daß er auch ihrer Beschreibung in den *Commentarii* so viel Raum gibt, zeigt, daß er sie geradezu als integrierenden Bestandteil des Bildes ansah, das er von sich selbst der Nachwelt übermitteln wollte.

1461 war er nur zweieinhalb Monate von Rom abwesend; im Jahr darauf sind es siebeneinhalb Monate.[43] Anfang Mai 1462 bricht er mit 7 Kardinälen auf nach Viterbo, und diese Reise sei hier näher verfolgt.

Es fängt heiter an: Schon am ersten Tag ein *pranzo* im Grünen, im Wald bei einer Quelle, danach Mittagsschlaf im Schatten auf frischem feuchten Gras; schon in der ersten Nacht, im Kastell der Orsini in Campagnano, ein ausgelassenes Fest der Kardinäle und Prälaten, kaum daß der Papst zu Bett gegangen

Abb. 6: «Papst Pius war hier»: 1461 fuit hic papa pius XVI die mensis septembris. *Graffito in Subiaco im Kloster Sacro Speco (corridoio-transetto bzw. cappella di S. Gregorio), rücksichtslos – wie solche Graffiti oft – in ein Fresko geritzt (im zweiten Fall sogar in das bekannte Bild des Hl. Franziskus): anspielend auf den Besuch des Papstes in Subiaco vom 16. Sept. 1461, der von Pius (und gerade Sacro Speco in seiner dramatischen Lage senkrecht über dem Aniene und mit seinen kerngesunden 80jährigen Mönchen) in Comm. S. 407 ausführlich beschrieben wird. Vielleicht gibt es, unter der Unzahl der überall eingeritzten Graffiti, zu diesem Anlaß noch weitere.*

war: *Essendo a letto Nostro Signore, in sala remaseno quelli cardinali* und andere genannte Prälaten. «Wir kleinen Fische wurden alle verabschiedet», *nuj pessi da padella fussemo tuti licentiati*... Man legte die Kleider ab und tanzte – ein ausgelassenes Verhalten, für das der Papst sie am Morgen heiter zur Rede stellte.[44] Am nächsten Tag, bei Nepi unter ärmlichen Leuten (*pareme non vedesse maj mazore povertà*), Rast in einer vigna, wo die Besitzerin, eine *vechietta*, diesem ungewöhnlichen Schauspiel staunend zusieht und Gott preist, daß der Besuch dieser heiligen Gesellschaft ihren Weinberg künftig gewiß vor Unwetter bewahren werde.[45]

Wir wissen das alles so genau, weil Kardinal Francesco Gonzaga den Papst begleitete. Nichts gibt so intimen Einblick in den Alltag Pius' II. wie die dichte Gonzaga-Korrespondenz. Der junge Kardinal, den der Papst gern um sich hatte, schreibfreudig und mit schreibfreudigem Gefolge, war dafür die beste Voraussetzung: regelmäßig gingen Briefe nach Mantua an die Eltern, den Markgrafen Ludovico Gonzaga und Barbara von Brandenburg.[46] Ganz anders schon die Este-Korrespondenz in Modena: so nahe an sich herankommen ließ Pius die Abgesandten eines Borso d'Este nicht, der seine Teilnahme am Kongreß im nahen Mantua mit windigen Argumenten abgesagt hatte[47] und einen ständigen Gesandten in Rom auch erst seit den späten 1460er Jahren unterhielt.[48]

Vertraulichen Umgang mit dem Papst hatte noch der mailändische Gesandte Ottone del Carretto. Aber er war ein anderer Briefschreiber als die Gonzaga. Musterbild des Sforza-Diplomaten,[49] konnte er noch aus den entlegensten Nestern seinem Herzog bis zu 4 Briefe am Tag schreiben,[50] richtete sich mit solchem Streß aber bald zugrunde. In seinen Briefen ist er ganz Sache, diskret, über persönliche Rahmenhandlungen verliert er kaum ein Wort: Pius' Wasser-Erlebnis in S. Fiora beschreibt er nur deshalb, weil der Herr des Ortes, Graf Guido Sforza, ein Neffe des mailändischen Herzogs war und dieser doch wohl wissen wolle, wie der Papst in «seinen», den Sforza-Territorien (*in le terre soe*) empfangen werde.[51]

Sogar bei kleinen exklusiven Ausflügen – Subiaco, S. Fiora, Ostia[52] – war Ottones Teilnahme vorgesehen. Der Gesandte hatte jederzeit Zutritt zum Papst («heute nahm ich Gelegenheit, ohne Zeugen mit Seiner Heiligkeit in der Offenheit zu sprechen, wie er sie mir zugesteht, und da dachte ich den Sack aufzumachen»).[53] Das ausgezeichnete Verhältnis zwischen Pius und Francesco Sforza kam auch dem Geschäftsträger Giovanni Caimi zugute, er und Carretto wußten bei Pius den Abstand zwischen impulsiver Antwort («in Worten wie sie ihm so kommen») und formaler Reaktion richtig einzuschätzen.[54] Carrettos Briefe sind die weniger persönlichen, sie werden schon anders, wenn er sie mit Caimi gemeinsam schreibt. Aber auch dann ist das – wenn man mehr das Atmosphärische als das Tagespolitische im Auge hat – eine andere Perspektive als die der Gonzaga-Korrespondenz. Die Gonzaga-Familiaren waren im inneren Kreis, und sie schrieben und schrieben. Aufgabe und Adressat waren freilich auch andere als beim mailändischen Gesandten, sie wußten (oder glaubten zu wissen), was die Markgräfin von Mantua, Barbara von Brandenburg, vor allem interessierte. Informativ wollten diese Briefe sein (und sind es auch: wir erfahren daraus so Überraschendes wie, daß Paul II. vor seinem Palazzo Venezia den Marc Aurel – damals noch am Lateran – und die Rossebändiger vom Quirinal aufstellen wollte!),[55] informativ aber auch unterhaltend, und so bringen sie oft Klatsch, Momentphotographien, Gruppenbilder.

So wurde hier sogar über jedes Picnic berichtet: für so ungewöhnlich und kennzeichnend wurden diese Essen im Grünen gehalten, denn was der Papst da machte, war ja nicht ein Essen im Garten seines Palazzo oder im Park seiner Villeggiatur (das war nichts Besonderes, das machten andere Fürsten auch), sondern ein Essen wirklich draußen in der Landschaft, unterwegs – und das muß, bei diesem gichtkranken Mann, die Beobachter beeindruckt, vielleicht gerührt, jedenfalls von seiner Naturliebe wirklich überzeugt haben! So wurde auch davon nach Hause berichtet, sogar von Mahlzeiten im Freien, die Pius selbst gar nicht notiert, wie das bei Nepi, während das nächste bei Fabrica wieder von beiden Seiten berichtet wird. Vor dem Essen wird die verlassene, als Pferdestall genutzte Abtei besichtigt, die einsam auf dem weiten, von gewaltigen römischen Stadtmauern umgebenen Areal des antiken Falerii Novi liegt, und das alte, beinahe fugenlos wirkende Mauerwerk begutachtet.[56] Auch sonst hören wir, daß Pius Bauwerke mit Aufmerksamkeit betrachtete: in Orvieto nicht einfach «den Dom», sondern «um die Figuren und andere Ausschmückung dieser Kirche zu sehen».[57]

Vom Eindruck des historischen Monuments geht es dann, wie bei ihm oft, übergangslos zum Eindruck der Natur: auf dem nächsten, «in dieser Jahreszeit wunderschönen» Wegstück zu den Monti Cimini sah man

> «Ginster üppig in Wuchs und Blüte, so daß weite Flächen gelb erschienen, andere hingegen, mit verschiedenen sonstigen Büschen und Gräsern bedeckt, boten dem Auge hier Purpur, dort Weiß, oder tausend andere Farben. Alles grünte im Mai, hier Felder dort Wälder heiter mit dem Gesang der Vögel.»[58]

Nach dem Farbenspiel der Landschaft und dem Gesang der Vögel ein Blick hinauf auf das Kastell von Soriano hoch droben: eine Lage, die nicht mit

«Adlernest» oder ähnlichen literarischen Topoi umschrieben, sondern sehr konkret mit «von Steinschleudern nicht leicht zu erreichen» gekennzeichnet wird. Zur Geschichte des uneinnehmbaren Platzes wird nur eine einzige Information gegeben, und tatsächlich verband sich für Menschen seiner Generation eben dies mit Soriano: eine Festung der von den avignonesischen Gegenpäpsten hier hinein gelegten Bretonen gewesen zu sein, Dorn in der Flanke der römischen Päpste (Bonifaz IX. wird noch auf dem Sterbebett an diese Bretonen in Soriano denken).[59] Dazu das freimütige Eingeständnis, wie sein Vorgänger Calixt III. einen verläßlichen Landsmann, so habe auch er einen Verwandten zum Kommandanten dieser wichtigen Burg gemacht. So wird Soriano nun für 2 Tage Treffpunkt der Familie, die die Gelegenheit nutzt, «ihre und ihrer Freunde Anliegen ausführlich vorzubringen».

Dann Viterbo. Und auch aus dieser, als angenehmer Aufenthaltsort geschilderten Stadt (der Papst blühe auf «wie eine schöne Rose», beobachtete der französische Kardinal Alain Coëtivy)[60] beinahe täglich Ausflüge in die Umgebung: in der Morgenkühle hinaus in die Landschaft, auf stets wechselndem Weg durch die grünen Saaten und die weiten Flachsfelder in ihrer himmelblauen Blüte. Auf den optischen Eindruck folgt sogleich wieder die konkrete, erklärende Information: Flachsverarbeitung sei Viterbos Hauptindustrie, das liege an der Beschaffenheit des Bodens, oder des Wassers zum Einweichen der Pflanzen-Faser. Dann zurück in die Stadt zu den Geschäften, zum Konsistorium mit den Kardinälen oder zur Segnatura mit den Referendaren. Zwischendurch läßt er sich auf einen Hügel tragen, von wo man die ganze Ebene von Viterbo überblicken konnte – seine Lust an Fernblicken überkam ihn auch bei Stadtaufenthalten –, oder in einen Kirschgarten: «Er ließ sich in einen Kirschgarten tragen und aß seinen Teil und hatte seinen Spaß daran, daß unser Kardinal, weil er größer als die anderen ist, besser an die Zweige herankam», *Nostro Signore molto ne havea piacere per che meglio arivava a li rami*.[61] Für seine briefeschreibende *famiglia* war der junge Gonzaga-Kardinal, zumal in den Briefen an seine Mutter, ohnehin von allen Kardinälen der netteste, schönste – *el più bello prelato habia questo Collegio* – und geistreichste: und nun kam er auch noch an die Kirschzweige heran.

Aus den zahlreichen Episoden dieses langen Sommers (dem Aufenthalt am Bolsener See mit der bekannten Schilderung der Ruderregatta, dem Aufenthalt im geliebten Pienza mit seinen Ausflügen, usw.) sei hier, für unsere Zwecke, nur der mehrwöchige Aufenthalt auf den Höhen des Monte Amiata (1. Juli – 6. August 1462) näher betrachtet, den der Papst als Refugium vor der Juli-Hitze aus-

Abb. 7: Geschirr vor Blumen(teppich). Die Picnics von Papst und Kardinälen in freier Landschaft erforderten eine gewisse Logistik (die Nachkaufrate an Tellern und Bechern ist in diesem Pontifikat auffallend hoch) und arrangierten das verfügbare Geschirr im Grünen wohl etwas kunstloser als hier (und als es sich die anspruchsvollen Höflinge gewünscht hätten): Jüngst aufgedecktes Fresko einer repräsentativen Anrichte (Piattaia) in Rom, Palazzo Altemps, damals Riario, gegen 1480, Ausschnitt.

Abb. 8: Genutzte Landschaft: Wiesen und Weinpflanzungen endend an nicht kultivierbarem, buschbestandenem Ruinengelände um verfallende Pfeiler; davor im Hang ein Steinbruch, in dem gerade eine Säule zugerichtet wird, mit Zufahrt zu der in den Felsen geschlagenen Straße, auf der sich in regem Verkehr Schafe, Esel, Menschen bewegen. Andrea Mantegna, Begegnungsszene, Ausschnitt: Mantua, Camera degli Sposi. – Die Nutzung der Landschaft durch den Menschen wird, selbst beim Monte Amiata, von Pius II. in seine Naturschilderungen häufig einbezogen.

 ersehen hatte, und wo er und die Kurie sich auch besser gegen die damals grassierende Pest abschirmen konnten.

Es beginnt sogleich mit jener Mischung von Anschauung und Präzision, von Eindruck und Information, die an Pius so anziehend ist und seine Schilderungen über das bloß Literarische hinaushebt. Nicht: ein Berg, bewaldet wie der Libanon mit seinen Zedern, sondern: zuoberst eine Zone mit Buchen, dann eine mit Kastanien, darunter eine mit Eichen und Korkeichen; in einem entlegenen Tal (*in reducta valle:* das ist Vergil, aber dennoch eine Realität, sogar eine ökonomische) wachsen auch hohe Tannen, die man in Rom und Siena als Bauholz verwende, von hier hole er selbst sich die Balken für sein Pienza. Kahl sei nur ein Streifen zwischen den Kastanien und den Tannen, aber als Schafweide nutzbar.[62] So ersteht, in knapper Skizze, vor dem Leser der Berg in seinem Aufriß, seiner natürlichen Gliederung, seiner Nutzung durch den Menschen.

Vom alten, heruntergekommenen Salvator-Kloster auf halber Höhe (hier seien noch im Juli die Kirschen nicht reif, *mense Iulio nondum illic cerasa maturuerant*), wo er jetzt für Juli und Anfang August Wohnung nimmt,[63] macht er Spaziergänge, macht er nähere und weitere Ausflüge. Und eben das beobachteten auch die Gesandten in ihren Berichten. Der sienesische: «Seine Heiligkeit möchte diese Kastanienwälder oft aufsuchen»;[64] oder der Mailänder: der Papst liebe es, «Spaziergänge durch diese Wälder zu machen, und an solchen Plätzen spricht man von fast nichts anderem als von angenehmen Dingen»[65] (und doch noch oft genug von politischen Geschäften, wie seine Briefe aus diesen Bergwäldern zeigen: Frankreich England Aragon Burgund Neapel Ferrara Urbino, alles allein in einer Unterredung, in einem Brief!).[66] Köstlich Pius' eigene Beschreibungen aus dem Inneren des Bergwalds: riesige Kastanien, in deren hohlen Stämmen bis zu 25 Schafe Zuflucht fänden; unter den Bäumen schattiges Gras, auf das erst nach herbstlichem Laubfall ein Sonnenstrahl dringen könne.[67]

Aber nicht nur der literarisch durchtränkte Papst, bei solchem Szenario wird auch der gewöhnliche Höfling poetisch. Bartolomeo Marasca, *maggiordomo* des Kardinals Francesco Gonzaga, schreibt damals an die Markgräfin in Mantua, Barbara von Brandenburg:

> «Ich glaube, es gibt in Italien keinen schöneren Platz. Kaum ist man aus der Tür heraus, betritt man einen Kastanienwald, der mehr als sechs Meilen lang nicht aufhört. Die Bäume sind so hoch wie man überhaupt sehen kann ... Der Waldboden ist grasbewachsen, und sauber wie eine gemähte Wiese. Viele klare Quellbäche fließen da, es weht immer ein Lüftchen durch diesen Wald, so daß man keine Hitze spürt.»[68]

Die Kardinäle wollen hier gar nicht wieder weg, der Papst, der sich zweimal am Tag durch diesen Wald tragen lasse, wirke verjüngt und habe Farbe bekommen.[69] Also ein Naturszenario wie für Poeten gemacht, mehr noch als poetische Landschaften der antiken Literatur, meint Pius – hier wechselt seine Schilderung, mit Anklängen an Vergil und Horaz und mit dem Poem eines Zeitgenossen, dann tatsächlich ins poetische Genre.[70]

Aber nicht lange. Denn nun füllt sich der poetische Bergwald nicht mit Baumnymphen und Satyrn, sondern mit Beamten und mit Akten: mal unter diesem mal unter jenem Baum, *in nemore modo sub ista modo sub illa arbore*, wird Segnatura gehalten. «Kein Tag an dem er nicht den Platz gewechselt und in den Tälern neue Quellen, neue Schatten gefunden hätte, es gab nur die Qual der Wahl» (*que dubiam facerent electionem*). Unter Kastanien berät er sich mit den Kardinälen, auf Wiesen gibt er Gesandten Audienz, unterwegs durch die Wälder erledigt er mit begleitenden Mitarbeitern Geschäftliches.[71]

Und tatsächlich, ein Ausflug zur Quelle des Vivo am Nordhang, von Pius ausführlich beschrieben, schlägt sich in den päpstlichen Registern nieder: bei einer verfallenen Einsiedelei, neben einer Quellgrotte unter Kastanien und Buchen, wünscht er vor dem Essen noch Segnatura zu halten und läßt einen Tisch aufstellen, um die Suppliken unterschreiben zu können – und so sind auf diesem Tisch auch die beiden Bittschriften für deutsche Petenten unterzeichnet worden, die ausdrücklich *apud heremum Fontisvivi Clusine diocesis* datieren![72] Während einer solchen Arbeitssitzung im tiefen Wald scheuchen Hunde einen nahen Hirsch auf.

Geradezu eine Orgie von Wasserfreuden spricht aus seiner schwelgerischen Beschreibung eines Ausflugs nach S. Fiora hoch am Westhang des Monte Amiata: «Es sind viele Quellen, die hier und da aufs klarste hervorsprudeln; gegen Westen brechen die Wasser mit größter Macht heraus, füllen erst ein weites Becken, stürzen dann mit gewaltigem Tosen durch Röhren in das darunterliegende Tal», riesige Forellen seien da vor seinen Augen gefischt worden.[73]

Auch dieses Wasser-Erlebnis ist nicht aus antiken Autoren abgeschrieben, sondern am 14. Juli tatsächlich so erlebt worden, wie der den Papst begleitende mailändische Gesandte beschreibt: «Man machte es ihm sehr schön, durch Fischen und andere Artigkeiten, die Seine Heiligkeit, und ebenso alle Höflinge, sich gern gefallen ließen».[74] Zwischen Forellen und Kühen geht es zurück zur Abtei. Wie der Nahblick auf schattiges Gras, so fasziniert ihn auch der Fernblick hinab ins Tal der Paglia, *unde cerni Palea posset*: drunten alles von der Hitze verbrannt, droben grünende Kühle.[75]

Abb. 9: In dunklem Wald, unter dem dichten Laub hoher Bäume – auf dem begrasten Waldboden feucht schimmernde Blattpflanzen, ein Hexenring, ein Waldteich mit Rohrkolben und Schilf – spüren Hunde einen Hirsch auf: Paolo Uccello, Hirschjagd, um 1460; Cassone-Tafel, Ausschnitt. Oxford, Ashmolean Museum. Pius II. beschreibt eine solche Szene anläßlich einer Arbeitssitzung in den Wäldern des Monte Amiata 1462 (Comm. S. 519).

Abb. 10: Panorama-Blick über weite Landschaft. Piero della Francesca, Dittico dei conti d'Urbino: Trionfo di Battista Sforza, um 1465, Ausschnitt. Florenz, Uffizien. Die Hintergrundslandschaften beider trionfi, *ursprünglich wohl vereint, ergeben einen umfassenden Fernblick, wie er damals immer häufiger wahrgenommen, gemalt, beschrieben wurde. So auch bei Pius II. Nicht nur daß er Berge bestieg eigens um einen Fernblick zu haben (Fernblick in die Landschaft, nicht Überblick über seine Territorien, denn so hielt er es auch außerhalb des Kirchenstaats); er genoß Ausblicke, wo er ging und stand: am Monte Amiata begab er sich abends regelmäßig aus dem Kloster zu einem Platz, «um von dort einen Blick auf die Paglia zu haben» (Comm. S. 520), die hier, 500 m tiefer, gegen den markanten Basaltklotz des Kastellorts Radicofani zu sehen ist.*

[34] Lassen wir quer durch diese Idylle aber nun einmal einen Geschäftigen hindurchreisen, der es eiliger hat, und dem es nach Sommerfrische nicht zumute ist. Der Kontrast mag etwas grell erscheinen, aber es tut auch gut, Darstellungen von literarischem Anspruch beizukommen, indem man ihre Erzählung ab und zu von außen sieht. So soll am Beispiel dieses Aufenthalts auf dem Monte Amiata einmal gezeigt werden, was, auf der anderen Seite, diese langen Abwesenheiten des Papstes von Rom an Widrigkeiten für solche brachten, die ein Anliegen an der Kurie durchzusetzen hatten. Also: auftritt ein kleiner deutscher Geschäftsträger, der nicht darauf warten kann, daß sich der Papst vom Monte Amiata wieder herunterbequemt. Denn das kann lange dauern (und wird auch lange dauern). All das tritt in der Rechnungslegung zutage, die, für die Monate Rom-Viterbo-Monte Amiata, Albert Krummediek als Prokurator der Stadt Lübeck zusammenstellt, um die deswegen höheren Spesen zu rechtfertigen.[76] Nach 2 Monaten harter Überzeugungsarbeit in Rom muß er nolens volens dem Papst auf dessen – in den *Commentarii* heiter geschilderten – Zug nach Viterbo folgen. Aber da die für seine Anliegen zuständigen Personen und Büros nicht alle den Papst begleiten, hatte er auch jetzt immer in Verbindung mit Rom zu bleiben. Oder es entfernen sich unversehens sogar von der *curia itinerante* für ihn wichtige Personen (wie der Kardinal Nikolaus von Kues, ein Gegner der von ihm vertretenen Sache): *et sic rebus sic gestis ingressus sum novum labrinctum,* «und so betrat ich ein neues Labyrinth, ... und alle gemachten Ausgaben waren umsonst», *et erant omnes expense perdite.* Und so muß er nun täglich vor den Türen eines anderen Kardinals antichambrieren.

Endlich scheint er am Ziel: die Supplik hat das ersehnte *fiat* des Papstes erhalten, die Bulle ist jetzt in der Phase der *expeditio.* Da zieht der Papst zum Bolsener See, auch noch auf eine Insel. Also hinterher! «Es war halb zum Verzweifeln», *revera quasi semi tunc desperabam.* Also noch näher heran, von Montefiascone nach Bolsena. Aber schon zieht der Papst weiter, zum Monte Amiata. Und dort, in seiner Sommerfrische, läßt er keinen an sich herankommen (*ubi iterum ad eum nullus venire poterat ... preter familiam pape*). So bleibt diesem armen Geschäftsträger nichts anderes übrig, als den Papst auf dem Monte Amiata zu belagern, den Berg auf Sichtweite umkreisend: Acquapendente, dann 3 Tage S. Quirico d'Orcia (kostet ihn 3 duc., das ist viel), dann noch näher heran: 8 Tage Bagni S. Filippo (*nec erat locus vicinior*) für nicht weniger als 11 duc., denn die Nähe des Papstes treibt in weitem Umkreis die Preise in die Höhe, *tanta enim erat ibi pressura et caristia propter pape vicinitatem.* Von dort jeden Tag 12 Meilen Ritt zum Papst, aber ohne Erfolg.[77] Also noch näher heran: Piancastagnaio, 2 Meilen vom Papst, mehrere Juli-Wochen voll Ungeduld zwischen Bauern, *cum non modica eciam paciencia inter villanos* mit täglichen Vorsprachen in der nahen Abtei, kommen ihn teuer zu stehen – aber die 36 Dukaten machen sich doch bezahlt: endlich wird die Bulle ausgefertigt! Doch für die Aushändigung hat er nicht genügend Geld. In Rom wäre das kein Problem, aber hier? Also rasch hinunter nach Acquapendente, aber der Bankier dort[78] ist gerade aufgebrochen, er erreicht ihn kurz vor Rom. Schnell wieder zurück hinauf auf den Monte Amiata: endlich hat er die gebenedeite Bulle in der Hand, *tandem habui ibidem ipsam benedictam bullam diu affectatam ad manus* – am Tage darauf verläßt der Papst den Monte Amiata.

So also nimmt sich die Villeggiatur auf dem Monte Amiata aus der Perspektive eines Bittstellers aus. Man könnte sagen: der Panorama-Blick des Papstes vom Monte Amiata, von ihm selbst mit literarischem Rang beschrieben, sah ringsum Orte, aus denen, umgekehrt, dort eingemietete Supplikanten erwartungsvoll zu ihm hinaufstarrten.

Pius' Aufmerksamkeit für die Landschaft tritt sogar auf seiner Reise zum Kongreß von Mantua hervor, obwohl seine Gedanken ganz auf eine große schwierige Aufgabe – den Türkenkreuzzug – und unterwegs Stadt für Stadt auf wechselnde politische Gegebenheiten gerichtet waren. Und so bietet sein Bericht von dieser Reise nicht nur einen Längsschnitt durch das Italien der Politik, sondern auch durch das Italien der Natur. Diese Reise sei hier nicht behandelt[79] – oder nur, für unser begrenztes Thema, der Wiedereintritt des Papstes in die Umgebung von Rom. Auch für diese letzten Etappen, vom Monte Amiata über Acquapendente, Bolsena usw., lassen sich *Commentarii* und Rechnungsbücher nebeneinanderschalten, läßt sich der Bericht des Papstes ergänzen durch Auszahlungsanordnungen: für die Maultiere des Transports, die unterwegs gekauften Lebensmittel (*castrati, polli, mostarda, quaglie, lardo, rappe per minestra per prima matina, cipole per minestra* ecc.); die Gasthäuser zur Unterbringung des auf direkterem Wege reisenden Gefolges (der *Angniolo* und der *Leone* in Acquapendente, der *S. Giovanni*, der *Angelo* und der *Leone* in Sutri, z.B. *per schotti di XIII chavagli*), die 400 Brote *per la cholazione de le gienti de l'arme*, etc.[80]

Greifen wir aus dieser Rückreise von Mantua nach Rom abschließend nur eine Episode heraus und untersuchen sie auf die Entsprechung zwischen Erzählung des Papstes und Buchführung der Kammer. Kurz vor dem Ziel macht der Papst – während das Gefolge bereits den direkten Weg nach Rom nimmt – noch einen Umweg, der seinen Begleitern, nun seit Monaten unterwegs und mit Ungeduld auf die Ankunft in Rom blickend, gewiß nicht gefallen hat: einen Abstecher nach Canepina in den Monti Cimini, einem kleinen Ort, der noch

Abb. 11: Seenlandschaft in Stadtnähe: Andrea Mantegna, Tod Mariens, um 1460 (?), Ausschnitt. Madrid, Prado. Der überraschende Ausblick über die Köpfe der Apostel hinweg auf die Wasserfläche wird seit Kristeller überwiegend gedeutet als Blick von Mantua (wo Mantegna seit 1457 Hofmaler war) auf zwei der vom Mincio gebildeten, die Stadt damals noch rings einschließenden Seen, die von Dammbrücken geteilt waren (Ponte di S. Giorgio, dei Molini, oder bei Porta Pusterla). Auf diese Seen zu blicken hatte Pius in den enttäuschenden Anfängen des Kongresses von Mantua viel Gelegenheit: die Fürsten erschienen nicht, schon wurden die Kardinäle rebellisch, nichts tat sich zwischen den in der Sommerhitze brütenden Seen, «nur die Frösche hörte man quaken» (nihil audiri nisi ranas, *Comm. S. 175*).

heute ziemlich entlegen und nicht eben attraktiv ist. Hier verbringt er die Nacht vom 4. auf den 5. Oktober – und wundert sich dann anscheinend selbst, daß er das getan hat. In den *Commentarii* beschreibt er den kleinen Ort nämlich als völlig sonnenlos: Berghänge und Kastanienwälder halten das Licht fern; in den Häusern aus Holz leben die Einwohner gedrängt wie in Bienenstöcken (*compressi velut apes in alveariis*), ja mehrere Familien wohnen in derselben Hütte – und das habe zur Folge, daß sich die Leute entsprechend vermehren (*promiscua inhabitatio gentem multiplicat*):[81] was ja eine sehr realistische Beobachtung ist – nur daß man sie nicht gerade aus dem Munde eines Papstes erwartet. Und weil diese Häuschen so voller Rauch sind, verzichtet der Papst sogar lieber aufs Heizen. Um so mehr drängt es ihn nach draußen in die Landschaft: noch in der Nacht (und hier rastet nun die andere Quellengattung ein, eben das Ausgabenbuch) – noch in der Nacht läßt er einen geeigneten Picnic-Platz draußen bei einem Brunnen erkunden, wie die Zahlungsanweisung *per una torcina per andare la notte a la fonte* verrät, noch in der Nacht läßt er Brot, Wein, Hühner, Fleisch zu diesem Brunnen bringen: Ausgabe *per portare a la fonte dove dè fare cholazione Nostro Signore, ... che andaro di notte.*[82] (s. Facsimile S. 38).

Auch in anderen Fällen läßt sich, wie früh erkannt worden ist, die Schilderung der *Commentarii* gut begleiten mit der Buchführung der „Privatkasse» des Papstes (*Tesoreria segreta*). Zum Jahre 1462 etwa werden Ausgaben registriert anläßlich des Fronleichnamsfestes in Viterbo, und der Regatta auf dem Bolsener See mit den Kosten des dafür gestifteten Preises, des *palio*; dann der Aufenthalt auf dem Monte Amiata.[83]

Seine Untertanen kannten bald seine Vorlieben, und so bereiteten die Bewohner des kleinen Proceno im September 1460 dem durchziehenden Papst ein *pranzo* draußen auf der Wiese – ganz wie es sich bei Pius gehörte: an einem richtigen Fluß, unter aus Zweigen geflochtenen Hütten. Daß er selbst Wein dazu beisteuerte, zeigen die Ausgabenbücher.[84]

Das rustikale Mahl im Freien konnte aber auch politisch motiviert sein. Ganz offensichtlich bediente Pius sich dieser Essen in freier Landschaft manchmal, um auf diese Weise verfeindeten Baronalfamilien aus dem Wege zu gehen. Natürlich waren Colonna und Orsini jederzeit bereit, dem sich ihren Kastellen nähernden Papst die schönsten Essen zu bereiten. Aber der Papst wollte sich durch solch eigennützige Gastlichkeit nicht verpflichtet fühlen. So verzichtet er, Colonna und Orsini meidend, *Columnenses Ursinos tamquam hostes evitans*, zum Unverständnis mancher Begleiter in Campagnano auf das Prachtessen einer Orsini (*cena dubia* nach Terenz, *Phormio*: ein Essen bei dem man nicht weiß, mit welcher

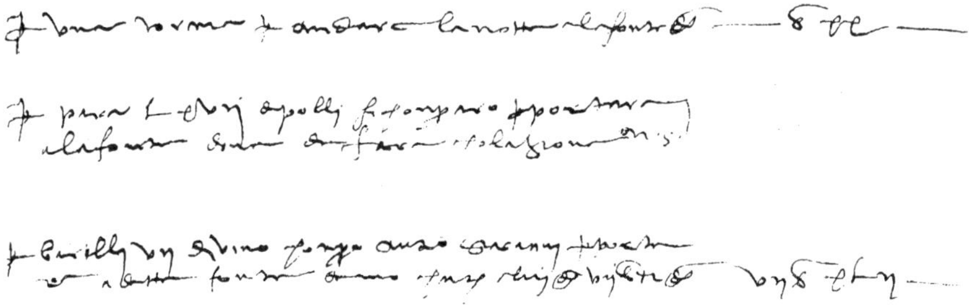

Ausgabenbücher bestätigen und ergänzen, was Pius und einige Begleiter über Ausflüge und Mahlzeiten im Freien berichten. Daß der Papst im kleinen Canepina in den Wäldern des Monte Cimino noch in der Nacht draußen bei einem Brunnen einen geeigneten Eßplatz erkunden und die Speisen bereits dort hinschaffen läßt, zeigen diese Zahlungsanweisungen «für eine Fackel um nachts zu dem Brunnen zu gehen» und die Ausgabe, um Brot, Wein, Hühner, Fleisch «zu dem Brunnen zu bringen, wo Unser Herr sein Essen einnehmen wird, ... und sie brachten es in der Nacht». Archivio di Stato Roma autorizzazione 20/2007, Camerale I, Spese minute reg. 1477 fol. 40v–41r, zum 4. Okt. 1460.

Köstlichkeit man anfangen soll) und läßt statt dessen lieber bei Bauern Brot und Zwiebeln beschaffen. So lehnte er, obwohl neugierig auf den Palast Martins V. Colonna in dessen Geburtsort Genazzano, die Einladung seitens des lokalen Colonna ab, weil er ihm, der im Vorjahr päpstlichen Befehlen nicht gehorcht hatte, nicht die Genugtuung geben wollte, einen Papst zum Gast zu haben, und aß lieber im Freien.[85]

Denn die Reisen und Ausflüge bewegen sich ja nicht nur zwischen Bäumen, sondern auch zwischen Menschen. Und so werden bei Pius nicht nur Landschaften topographisch exakt beschrieben, sondern auch Menschen in ihrem Charakter und bisweilen sogar in ihrer physischen Gestalt porträtiert. Und in den Porträts der Zeit sahen die Betrachter nicht mehr hinter jedem Fürstenkopf gleich König David, sondern zunächst einmal das, was vor Augen war: auf dieser Porträtmedaille «ist er ja nicht wiederzuerkennen, so dick ist er geworden».[86]

Noch einmal zu der Frage, inwieweit sich die Bewegungen des Papstes in freier Landschaft, wie er sie in den *Commentarii* selbst schildert, in andern Quellen wiederfinden, also aus anderer Perspektive (nicht kontrolliert, aber:) begleitet werden können. Wie sehr etwa die Berichte von Gesandten Beobachtungen aus der Nähe enthalten, ist früh erkannt worden.[87] So wie die Briefe von Teilnehmern seiner Reisen und Ausflüge das Stimmungshafte dieser Unternehmungen nachzeichnen (bis hin zum Schläfchen des Papstes *suso l'erba ben fresca e bagnata* – darauf wird noch zurückzukommen sein); so wie in den Rechnungsbüchern, auf der Ausgabenseite, Episoden erzählt in den *Commentarii* gleichfalls dokumentiert sind (bis hin zum Geldstück, das der Papst einem Eremiten auf dem Monte Amiata reichen läßt); so bestätigen manchmal die Datumszeilen in den Kanzlei- und Kammer-Registern Pius' Behauptung, er habe auch unterwegs, unter freiem Himmel, Geschäftliches erledigt und *Segnatura* gehalten. Der Papst ließ sich in seine Villeggiaturen nur von wenig Personal, nur vom notwendigen Kern der zuständigen Behörden begleiten: *cum se non vole se non dui cardinali, dui referendarii, el datario, lo bollatore et octo scriptori,* heißt es für den Sommeraufenthalt 1461. Aber Geschäfte werden erledigt, wo er geht und steht: *signabat omnibus in locis, audiebat, censebat, respondebat, affirmabat, refellebat.*[88]

Nehmen wir das Beispiel der Suppliken, also der in Rom zur Genehmigung eingehenden Bittschriften. Die Datierungen der bewilligten Gesuche enthalten die Ortsangaben, die nach der Signierung durch den Papst vom Datar unter die Suppliken geschrieben und in die darüber ausgestellten Bullen übernommen wurden. Natürlich hat man bei Reisen in der Regel nach dem nächstgelegenen Ort datiert (*Campagnani,* und nicht *in itinere prope Campagnanum*), und die geschilderten Sitzungen von *Segnatura* unter den Bäumen des Monte Amiata blieben doch in der Nähe der Abtei und wurden dementsprechend lokalisiert: *in Abbadia S. Salvatoris Clusine diocesis.*[89] Aber es gibt auch Fälle, in denen es die Lokalisierung genau nimmt und das Unterwegssein durchscheinen läßt. So bei jenem Ausflug auf dem Monte Amiata zu einer Einsiedelei, bei deren Ruinen unter Bäumen Suppliken unterzeichnet werden; oder *apud amnem Paleam subtus Radicofanum,* «an der Paglia unterhalb von Radicofani» Anfang Mai 1464 auf seinem Zug von Siena nach Viterbo und zurück nach Rom.[90] Das sind, wohlgemerkt, die Fälle von Suppliken *deutscher* Petenten, und würden sich durch Einbeziehung weiterer Suppliken ohne weiteres verdichten lassen.

Jedenfalls zeigen sie Pius' Bereitschaft, den Pflichten der *Segnatura* auch unterwegs nachzukommen. Aber sogar wo er die Möglichkeit gehabt hätte, solche Unterschriften-Sitzung im Innern eines Palazzo abzuhalten – wie im Kastell der Farnese in Capodimonte über dem Lago di Bolsena, wo er im Juni 1462 für wenige Tage Wohnung nahm –, hält er sie lieber im Freien an einem schattigen Weg gleich außerhalb des Ortes.[91] Die kurzen Ausflüge, die er von hier aus *per*

Abb. 12: Römische Monumente nicht in kahler, antiquarischer Rekonstruktion, wie sie gegen 1460 der Codex Marcanova aus Paduaner Humanistenkreis versucht, sondern bedeckt und zersprengt von Vegetation: Zeichnung wohl des Konstantinsbogens, 2. Hälfte 15. Jh., Biblioteca della Soprintendenza, Firenze. Römische Ehrenbögen bestanden von Buschwerk dann auch bei Antonio del Pollaiuolo (Hl. Sebastian in London, 1475), Luca Signorelli (Porträtkopf in Berlin, um 1500) und anderen. – Antike Monumente beschreibt Pius auf seinen Ausflügen nicht antiquarisch isoliert, sondern in ihrer natürlichen Umgebung, mit tiefer Empfänglichkeit für das Ensemble von Natur und Antike, von Pflanze und Stein: das Relief von Efeu verhangen, das Grabmal aufgebrochen vom Feigenbaum, die römischen Zisternen unter Dornbüschen, der Baumschatten auf dem Pflaster der Via Appia.

vicina nemora macht und nahe Plätze aufsucht «mal zu Land, mal auf dem See», entfernen ihn nicht weit vom Schreibtisch der Segnatura, die Segnatura entfernt ihn nicht weit von der Natur: Pflicht und Neigung, alles im Freien.

Daß bei solchen Ausflügen antike Monumente wahrgenommen, ja mit Absicht aufgesucht werden, versteht sich. Das ist, wie schon bei den Ausflügen zur Villa Adriana und den Aquädukten während des Sommeraufenthaltes in Tivoli 1461, besonders bei der Exkursion in die Monti Albani im Mai 1463 zu erkennen, wo er in der Landschaft geradezu auf Antiken-Suche ging: *Pius eo se contulit si quid inesset vetustatis inspecturus.*[92] Was dabei im Vergleich zu Beschreibungen anderer Autoren auffällt, ist, daß Pius II. die antiken Bauten nicht mit den Augen des Antiquars beschreibt, nicht isoliert in ihrem rein antiken Charakter ohne die nachantiken Transformationen, sondern daß er sie, wie der Zeitgenosse Flavio Biondo, in ihrem gegenwärtigen Zustand und in ihrer natürlichen Umgebung wahrnimmt.

Ja man merkt den *Commentarii* seine Freude an, antiken Monumenten gerade in freier Landschaft zu begegnen, spürt seine Empfänglichkeit für das Ensemble von Natur und Antike, von Pflanze und Stein: das von Efeu verhangene römische Relief an der Felswand beim Kloster Palazzolo über dem Albaner See, in der Nähe eine Grotte mit Quelle, in deren schattiger Kühle man im Sommer Tische aufstellen (*in qua plures possint apparari mense*) und sein pranzo einnehmen könne.[93] Oder das verfallende römische Grabmal, die sogenannte *Tomba dei Curiazi*, deren Mauerwerk von einem Feigenbaum auseinandergesprengt werde, *infensam muris inseruerit caprificum*; die Sitzreihen des Amphitheaters von Albano kaum erkennbar unter überwucherndem Dornengebüsch. Oder die römischen Zisternen, von denen Leon Battista Alberti dort, «zwischen Dornen und Gebüsch», mehr als 30 aufgespürt, und von denen er, Pius, dann vier aufgesucht habe; oder die in den Felsen geschlagene Mündung des (von den Römern durch den Kraterrand des Albaner Sees getriebenen) Emissars, beschrieben als Grotte von Dryaden, von Baumnymphen – immer wird, geradezu genießerisch, das antike Monument mit seiner Vegetation zusammen gesehen.[94] Ja die Via Appia, die er dann in Richtung Lago di Nemi nimmt, sei jetzt, «immer noch mit ihrer Pflasterung, an vielen Stellen noch schöner als zur Blütezeit des Römischen Reiches». Für einen Humanisten eigentlich eine unerhörte Aussage. Und warum «noch schöner»? «Weil sie von dicht belaubten und noch im Mai grünenden Haselnußbäumen von oben und an den Seiten beschattet ist. Die Natur, die höher ist als alle Kunst, hat die Straße wunderschön gemacht!»[95]

Abb. 13: Schneeballschlacht einer vornehmen Familie vor verschneitem Schloß: Fresken im Adlerturm des Castello del Buonconsiglio in Trient, Monatsbild Januar, Anfang 15. Jh., Ausschnitt. Auch das Gefolge Pius' II. lieferte sich, zum Vergnügen des Papstes, im winterlichen Appennin Ende Januar 1460 unterwegs eine Schneeballschlacht, an der, wie ein Brief lebhaft beschreibt, auch Kardinäle teilnahmen, die sich die Schneebälle reichen ließen (s. Anm. 102).

Abb. 14: Römische Ruinen im Wald. Reste eines monumentalen Kuppelbaus, von Ziegelbögen und weiteren Konstruktionen, die Mauern bedeckt mit blühenden Büschen. Andrea Mantegna, Triumph Caesars, Tafel 4 (Datierung schwankend zwischen 1480 u. 1495), Ausschnitt. Hampton Court.

Eine anziehende Art, Landschaft mit allen Sinnen in sich aufzunehmen und die antiken Reste darin integriert sein zu lassen. Das ist ein Verlangen, ein Zug, der in dieser Zeit neu, aber nicht einmalig ist – man denke an den Ausflug, den eben damals, im Herbst 1464, Andrea Mantegna mit seinen humanistischen Freunden zum Garda-See machte: durch seine euphorische Stimmung und archäologische Ausbeute wahrhaftig *jubilatio* und *memoratu digna*.[96] Neu, aber nicht einmalig: das ist es, was Jacob Burckhardt mit seiner Bemerkung meinte, «daß wenige andere dem Normalmenschen der Frührenaissance so nahe kommen» wie Pius II.[97]

Ein Flavio Biondo wußte solche Ausflüge natürlich zu schätzen, Ähnliches hatte er schon Jahre zuvor im Gefolge von Prospero Colonna mitgemacht, des großen – dann auch von Pius viel genannten – Kardinals, der in Kunst- und Antikenverständnis seiner Zeit eine führende Rolle spielte (aus dem vor Eugen IV. nach Florenz geretteten Colonna-Kapital finanzierte er die vermutlich von Donatello gefertigte Grabplatte seines Onkels Martin V., in Rom sammelte er antike Statuen).[98] Ein Brief[99] beschreibt ausführlich einen kurzen Ausflug, den Flavio Biondo am 7. September 1461 im Gefolge des Papstes von Tivoli zum nahen Kloster S. Caterina di Monte Catillo machte: eine willkommene *peregrinatiuncula*, die ihm – wie in seiner *Italia illustrata* – Gelegenheit gab, seine Kenntnis antiker Topographie zu vermehren und zu demonstrieren. Wir sehen ihn, in Diskussion mit anderen und unter Anführung antiker Autoren, antike und heutige Plätze miteinander identifizieren (tatsächlich beruft sich Pius bei mehreren Ausflügen in Lokalisierungsfragen eben auf Flavio Biondo),[100] von der Höhe «mit Wort und Finger», *verbo ... et digito indicata,* auf diese Plätze weisend, andere vor Ort untersuchend.

Dazu das Atmosphärische eines Ausflugs: die Morgendämmerung, *in dubia diei noctisque hora,* der mühsame Anstieg, der abkürzende steile Abstieg unter fröhlichem Gespräch und lautem Lachen beginnend bei den höchsten Herrschaften, *inchoatus ab ipsis risus;* der Papst, der wegen des Gelächters über den unbeholfen, mit Schritten wie eine Schildkröte (*testudineus ... gressus*) bergabsteigenden Bischof von Chiusi seine Sänfte anhalten läßt[101] – so wie Pius auf der Rückreise von Mantua im winterlichen Appennin vergnügt einer Schneeballschlacht von Kardinälen und Kurialen zugeschaut hatte:[102] denn für die Stimmung seiner Umgebung hatte Pius ein waches Empfinden, und er ließ auch merken, daß er es hatte. Dann sehen wir, am selben Tag nach Trennung vom Papst, Flavio Biondo mit Gregorio Lolli, dem Vetter des Papstes, weiter durch das Gelände streifen: Ruinen an Bachufern, *fundamenta ... in rivorum marginibus apparentia,* die verwilderten Gartenanlagen römischer Villen, Fundamente kaum mehr erkennbar unter dichtem Gebüsch; Täler von Aquädukten auf Arkaden überquert (dieselben riesigen Aquäduktreste, die in diesen Wochen auch Pius aufsuchte und beschrieb), deren Wasserkanäle dann den Berg durchstoßen, und wenn man in sie eindringe (dieses Vergnügen kann man in dieser Gegend noch heute haben),[103] sehe man in den Stollen von *Anio Vetus* und *Anio Novus* die verkrusteten Kalkablagerungen («bis zu 4 Fingern dick») wie Marmor, und so weiter.

Abb. 15: Im Verhältnis zur antiken Skulptur wird der weite Weg von Unverständnis und Götzenfurcht zu Bewunderung und Aneignung (erste Statuensammlung des Kardinals Prospero Colonna) nun rasch durchschritten. In Pius' Siena, das im Trecento einen Statuenfund erst bejubelt und dann reumütig zerschlagen hatte, malt Martino di Bartolomeo di Biagio (nachweisbar 1389–1435) den Hl. Stephanus noch als Heiligen, der heidnische Götterstatuen gleich reihenweise umlegte. Doch gelingen ihm bei der Kennzeichnung der Elemente, an denen man eine Skulptur als antik erkannte (Nacktheit, Binnenzeichnung des Körpers, Kontrapost) bereits Statuen von erstaunlicher Körperlichkeit. Frankfurt, Städel, Ausschnitt.

Ein ganzer Tag also in freier Natur, Nahblicke und Fernblicke, heitere Stimmung, antike Reste unter dichter Vegetation, dazwischen kurze Sachinformationen: das sind die charakteristischen Züge dieser Ausflüge und ihrer Erzählung, bei Pius wie bei Biondo. Und so waren den Humanisten unter den Kurialen, soweit sie Antike nicht nur durch das Medium der Literatur, sondern mit eigenen Augen in sich aufzunehmen verstanden (was bei weitem nicht für alle Humanisten galt, wie Richard Krautheimer mit Recht hervorgehoben hat),[104] solche Antiken-Exkursionen ein Vergnügen.

Daß auch Gäste von der Antiken-Begeisterung angesteckt wurden oder sich angesteckt zeigen mußten, versteht sich: draußen in der Landschaft oder in Rom, beim Anblick monumentaler Ruinen oder bei der Begutachtung antiker Statuen.[105] Auf die Zuwendung zur antiken Skulptur kann hier nicht eingegangen werden – doch bedenke man wenigstens, welch weiter Weg in welch kurzer Zeit darin damals zurückgelegt wurde. Die bekannte Episode, daß die Sienesen eine aufgefundene antike Statue zunächst stolz auf ihren Hauptbrunnen stellten und dann, eine Niederlage gegen die Florentiner diesem Götzendienst zuschreibend, die Statue reumütig und listig auf Florentiner Gebiet vergruben, wurde in Siena noch zur Zeit Lorenzo Ghibertis erzählt.[106] Und statuenstürzende Heilige wie der Hl. Stephanus, der antike Götter gleich reihenweise umgelegt hatte, wurden in Siena auch noch zu Pius' Lebzeiten gemalt.[107] Aber nun begleitete Poggio Bracciolini Cosimo Medici in die Ruinen von Ostia, sammelte Prospero Colonna Statuen in seinem Palazzo und zeigte dem Papst – der den aufregenden Befund auf das genaueste beschreibt – die Tauchgrabung an den im Nemi-See versunkenen römischen Prachtbarken beim Ausflug in die Albaner Berge.[108] Natürlich war auch ein kurzer Ausflug in die Albaner Berge nicht «privat», fühlten Gesandte sich selbst dann verpflichtet, den Papst wenigstens ein Stück weit zu begleiten.[109]

Die Lust des Papstes an Bergbesteigungen schien seinem Biographen Campano geradezu ein Charakterzug: «Er liebte es, Berge zu besteigen: im Römischen wie im Tiburtinischen hat er praktisch keinen ausgelassen, vor allem wenn sie bewaldet waren und Fernblicke boten.»[110]

Es war bei Gelegenheit des bereits geschilderten Ausflugs mit Antiken-Suche in den Albaner Bergen Ende Mai 1463, daß Pius sich auf die höchste Erhebung tragen ließ: die bekannte Beschreibung des Rundblicks vom Monte Cavo. Lassen wir uns von ihm zeigen, wie er Latium aus der Vogelschau wahrnimmt:

«Nach dem Essen ging er hinaus auf die weiten Wiesen vor der Burg [Rocca di Papa], damals alles grün mit Gras und Blumen. Dann kam er in Haselnuß-Haine mit ihren sanften Schatten; bald folgte Kastanien- und Mischwald. Über den Wiesen und über Rocca di Papa erhebt sich um etwa 1000 Fuß ein Berg, der alle Höhen im Umkreis überragt. Den stieg der Papst hinauf. Auf dem Gipfel fand er ein Plateau, das ungefähr 1 Stadium oder etwas mehr an Umfang hat. Ringsherum gibt es die Fundamente alten Mauerwerks und riesige bearbeitete Blöcke, und mitten darin eine verfallene Kultstätte, auf deren Ruinen sich ein Dalmatiner aus ohne Mörtel zusammengefügten Steinen eine Einsiedelei gebaut hatte. Daß hier früher einmal entweder ein Kastell oder die Villa irgend eines mächtigen Römers gestanden hat, dafür gibt es als Indiz eine Straße, die, mit appischem Basalt gepflastert, den Berg hinaufführt und bis zum Gipfel noch ganz erhalten ist. Einige vermuten, dies sei die Akropolis von Gabii gewesen, weil der Berg ‹Mons Cavarum› [Monte Cavo] genannt wird, als sei das verderbt aus ‹Gabiorum›. Wie hoch der Gipfel ist, ersieht man daraus, daß man den Monte Amiata von hier sehen kann, obwohl der Monte Cimino dazwischen liegt.

Der Papst setzte sich mit den Kardinälen eine Weile hin und betrachtete die Meeresküste von Terracina bis zum Monte Argentario und überblickte das ganze zum Kirchenstaat gehörige Ufer. Er sah auf die Berge von Centumcellae [Tolfa-Berge], die durch das neu gefundene Alaun unsere Zeit reich machen, und die anschließende tuskische Küste bis hin zum römischen Hafen; dann Ostia und den Tiber, der sich durch die Ebene schlängelt. Er sah auch Ardea, die Heimat des Turnus, rings von Wäldern umgeben [...]. Er sah an der Meeresküste auch Nettuno, erbaut auf den Ruinen von Antium, wo die Leute von Fischfang, Jagd und Vogelfang leben. Im Frühling locken sie die aus Afrika zurückkehrenden Wachteln mit einer Pfeife an und fangen sie in Netzen; das geht so 30 Tage lang; der Fang eines einzigen Tages erbringt oft 100 000 Wachteln. Es wird dort auch eine große Menge von Tauben gefangen, wenn sie übers Meer fliegen und Italien verlassen wollen.

Dann schaute der Papst in Richtung Cap Circeo mit seinem sagenumwobenen Gipfel, und zur Insel Ponza, neuerdings berühmt durch die Gefangennahme von König Alfons, und endlich Terracina selbst, das die Volsker in ihrer Sprache Anxur nannten. Die Seen von Nemi und [Ariccia, und der nach Iuturna heißt] von Albano waren so deutlich zu erkennen, als säße man auf ihrem Rand; man konnte von da genau ihre Größe und Form erkennen und auch den Raum dazwischen, der in dieser Jahreszeit, bedeckt von laubigen Wäldern und grünendem Gras, bunte und heitere Farben zeigte. Am schön-

Abb. 16: Fernblick auf toskanische Landschaft: Alessio Baldovinetti, Geburt Christi, 1460–62, Ausschnitt. Florenz, SS. Annunziata, Chiostrino. Der Blick des Schafhirten geht über eine von Bergen begrenzte Ebene, intensiv genutzt und gegliedert durch das System der mezzadria (Halbpacht), mit ihren Casali, Wachttürmen, Baumgruppen; ein Fluß windet sich hindurch, eine buschbestandene Straße führt auf die Flußbrücke, in der Ferne eine ummauerte Stadt. Es geht nicht darum, Stadt und Landschaft näher zu identifizieren,

sten aber war der Ginster, der in seiner Blüte einen großen Teil der Felder überzog. Dann zeigte sich Rom in seinem ganzen Umfang, und der Soracte, und das Sabinerland, und, weiß von Schnee, der Kamm des Appennin ...» [usw.][111]

Ein Fernblick über vertrautes Land, einiges wie mit Zoom herangeholt und des näheren erklärt, nicht nur Historisch-Antiquarisches (nicht alles ist richtig),[112] sondern auch Aktuelles, ja Ökonomisches (die sensationelle Entdeckung soeben, 1462, der Alaun-Vorkommen von Tolfa nach dem Verlust der Alaun-Gruben von Phokäa an die Türken;[113] der Fang der Zugvögel, mit Zahlen; die Seeschlacht von Ponza 1435); und immer wieder die Farben, der Ginster, die Schatten. Wir wollen uns hier nicht weiter fragen, wie weit Dante, Petrarca, Leonardo Bruni diesem Fernblick Vorbild waren. Es ist Pius. Jacob Burckhardt hat bereits das Beste darüber gesagt.[114]

Oder sein Ausflug nach Ostia, im gleichen Monat, nur drei Tage und doch in den *Commentarii* über mehrere Seiten beschrieben (und auch aus diesen drei Tagen sind – aus Ostia datiert – päpstliche Supplikengenehmigungen erhalten!).[115] Erst die Fahrt zwischen den dichtbebuschten Ufern des Tiber, die Ankunft in Ostia; das ausgedehnte Ruinenfeld der alten Stadt und die kleine mittelalterliche Nachfolgesiedlung (selbst diese Kümmerlichkeit jüngst noch vom Feinde zerstört), die Häuser teilweise direkt auf den antiken Aquädukt gebaut; die Kathedrale verfallen (Pius sieht ja noch nicht den schönen Frührenaissance-Neubau). Und das alles inmitten einer öden, ausführlich beschriebenen Salz-Lagune, rings kaum ein Mensch.[116]

Dann ein Ausflug zu den Ruinen von Porto. Pius beschreibt auch diese Ruinen, weiß von den großen Hafenarbeiten von Claudius und Trajan:

«Das Stadttor hat seine Marmorverkleidung nicht mehr, und ein Teil der Mauern ist verfallen. Man sieht die Reste heidnischer Tempel und die Ruinen christlicher Kirchen.[117] In der Mitte war das Hafenbecken, das Trajan zuge-

sondern nur um die Feststellung, daß in Bild und Wort «Fernblick» damals neue Aufmerksamkeit findet. «Er liebte es, Berge zu besteigen», sagt von Pius sein zeitgenössischer Biograph Campano, «im Römischen wie im Tiburtinischen hat er praktisch keinen ausgelassen, vor allem wenn sie bewaldet waren und Fernblicke boten» (s. Anm. 110). Von dieser Lust an Fernblicken ist auch bei Pius selbst immer wieder die Rede.

[50] schrieben wird und das die Leute statt trajanisch ‹trojanisch› nennen [*pro traiano Troianum vocant*], mit Platz für viele Schiffe. Jetzt sieht es aus wie ein Tümpel voller Schlamm. Früher führte ein 2 Meilen langer Kanal die Schiffe vom Meer herein bzw. vom Hafen heraus und mischte das Süßwasser mit dem Salzwasser. Rings um diesen Schlamm-See sind die Säulenstellungen, an denen man die Schiffe festband, noch nicht alle umgestürzt. In der Nähe gibt es Gewölbe für das Lagern von Waren und größere Werkstätten, um Schiffe zu bauen und zu reparieren. Ein römischer Patrizier namens Pammachius erbaute hier eine [Pilger-]Herberge, die der Hl. Hieronymus empfiehlt; doch ist davon keine Spur mehr zu finden. Die Stadt wurde einst zerstört und dann in eine Burg umgewandelt, und auch die ist heute unbewohnt. Der Kardinal von Portus[118] hatte über den Ruinen der zerstörten Stadt Zelte errichtet und Hütten aus Zweigen; in denen empfing er nun mit heiterer Miene Papst Pius und redete viel Schmeichelhaftes von Trajan: ein Spanier sei Nachfolger eines Spaniers![119]

Doch dann fegt ein nächtlicher Sturm über die Küste, der von Pius aufs dramatischste beschrieben wird: die Panik unter den (in diesem unwirtlichen Ostia lieber auf den Schiffen oder in den Zelten schlafenden) Kurialen, der Schrecken unter den Viehherden draußen, usw.

Nehmen wir, um den spezifischen Charakter von Pius' Ausflügen, im Vergleich, noch besser sichtbar zu machen, kurz den Ausflug eines anderen Papstes nach Ostia hinzu. Pius hatte Ostia vom 12.–14. Mai 1463 aufgesucht und diese Exkursion aufs lebhafteste beschrieben. Auf die gute Idee, einen Ausflug nach Ostia zu machen, kamen im Quattrocento auch andere Päpste, da die Tibermündung und die antiken Ruinen unter den Nahzielen eines der abwechslungsreichsten war und zudem bequem mit dem Schiff zu erreichen, und sich ein Ausflug nach Ostia oder Porto leicht mit einer Einladung des amtierenden Titelkardinals arrangieren, oder mit einer Visitation verbinden ließ: *hozi Nostra Santità è andato a Hostia e li starà dui zorni a darse piacere a costo del Rotomagensis,* «auf Kosten des Titelkardinals», kommentiert denn auch Marasca.[120] So besuchte Eugen IV. 1446 Ostia (*se mosse da palazzo per vedere alcuna cosa*), gewiß mit bitterer Erinnerung an seine dramatische Flucht zu Schiff zur Tibermündung 12 Jahre zuvor, am 4. Juni 1434 in Verkleidung und unter dem Pfeilhagel der Römer.[121] So machte Sixtus IV. im November 1483 mit 3 Kardinälen (darunter natürlich der *Ostiensis* und der *Portuensis,* Giuliano della Rovere und Rodrigo Borgia, zwei künftige Päpste) eine dreitägige Exkursion nach Ostia und Porto, mit prächtigem Essen in Porto und anschließendem Ausflug zum Meer mit Besichtigung des antiken Leuchtturms (oder was man damals dafür hielt), da man aus Sueton wußte, daß zu seiner Fundamentierung das Lastschiff versenkt worden war, das den vatikanischen Obelisken aus Ägypten gebracht hatte.[122] Ein Ausflug, der in vielem das Gegenbild zu den Ausflügen Pius' II. scheint: das Essen «mehr als päpstlich» (*prandium vere plus quam pontificium*), das war nun ein anderer Stil! Und das «ließ nichts zu wünschen übrig» (*desiderari eo triduo nil potuit*) war gewiß nicht das, was ein Pius II. sich ‹gewünscht› hätte.

Alles scheint das gerade Gegenteil eines Ausflugs von Pius mit seiner Beachtung nicht nur der antiken Bauten in Ostia, sondern auch der kümmerlichen jetzigen bis hin zur Schenke (*taberna meritoria*), und der wenigen hier hausenden, aus Dalmatien zugewanderten Fischer; mit ihrer Beobachtung der brütenden Schwäne in den Salz-Lagunen, Begutachtung der Tiefe der Fahrrinne in der Tibermündung und der Qualität der Weiden. Statt oberflächlichem Sightseeing wirkliche Nachforschungen (in Porto werden an herumliegenden römischen Quadern sogar die antiken Liefer-Nummern bemerkt),[123] und – wie heute – nach dem vom Hl. Hieronymus erwähnten *Xenodochion Pammachii* gesucht; heitere Wetten, und eingestandener Überdruß an zuviel Essen von Stör, und endlich der hinreißend beschriebene Sturm.

An der Sturm-Schilderung ist kennzeichnend nicht so sehr die mit literarischem Anspruch auftretende Schilderung der Naturgewalten (mit viel Aeneis, Vergil immer sein meistzitierter Autor), sondern die unmittelbare Schilderung menschlichen Verhaltens, etwa: wie der junge Borgia-Kardinal (30 Jahre später wird er als Alexander VI. Papst werden) durch die Sturmnacht nach seinem Tafelsilber schreit – nach seinen Leuten habe er nicht gefragt, bemerkt der Papst maliziös.[124] Solche unverwechselbaren Episoden und ihre unauflösliche Verbindung mit literarisch überformten Naturschilderungen sind besonders kennzeichnend: neben dem zeitlos Natürlichen die historische Augenblicklichkeit dieser einen Situation, das kollektive Erlebnis einer Menschengruppe an diesem 15. Mai 1463.

Bekanntlich haben die *Commentarii* bei ihrer Erstveröffentlichung ein seltsames Schicksal erlitten. Für den Druck von 1584 hielt es der Herausgeber, Francesco Bandini Piccolomini Erzbischof von Siena, nämlich für notwendig, den Text zuvor zu purgieren, da er dem gläubigen Leser so viel freimütige Äußerungen aus dem Munde eines Papstes nicht zumuten mochte.[125] Diese Zensur, ganz im Geiste der nachtridentinischen Zeit, wäre nur eine Kuriosität, wenn sie uns nicht den ganzen Abstand zwischen dem Frührenaissance-Papst Pius II., wie er war, und dem Papst, wie er nachtridentinischer Vorstellung zufolge hätte gewesen sein sollen, in handgreiflicher Weise vor Augen führen würde. Mit anderen Worten: die Streichungen zeigen gerade das Spezifische an diesem Text, wenn sie die individuellen Konturen von Pius' Selbstporträt, wo sie über das Normbild «des» Papstes hinausragen, wegretuschieren.

Dem kam entgegen, daß Pius' Art der Darstellung äußerst subjektiv ist, wie er selbst eingesteht: auch in der mangelnden Systematik (zu der er sich nicht die Zeit nehme, *nobis non tantum otii fuit*) und in der Auswahl der Sujets, in der er auch Unwichtiges berichte, *digna tamen atque indigna referimus*, wie Pius freimütig zugibt. In der Tat wird man nicht gerade erwarten, von einem Papst detailliert erzählt zu bekommen, wie eine Muskete funktioniert und wie man sie lädt (Abb. 17), oder wie ein Hündchen aus einem Fenster des Apostolischen Palastes stürzt, oder wo der beste toskanische Käse herkommt.[126] Daß der Zensor von 1584 allerdings eine eigene Meinung, eine nachtridentinische eben, von *digna* und *indigna* hatte, war zu erwarten.

Gestrichen wurde natürlich fast der ganze Bericht über das Konklave von 1458 mit den allzu freimütigen Porträts seiner Mitbewerber – denn in einer Papstwahl wirkt der Heilige Geist und nicht menschlicher Ehrgeiz. Gestrichen wurde manche politische Argumentation, Szenen menschlichen Verhaltens; Beobachtungen über das Make-up der Florentinerinnen, über Kaliber und Scherznamen von Kanonen – denn mit so etwas hat ein Papst sich nicht zu befassen; gestrichen sogar (und hier wird die Zensur kleinkariert) die 20 000 Hühner aus der Beute des Feldzugs gegen L'Aquila – das war wohl nicht erhaben genug, ein päpstliches Heer erbeutet nur Großvieh: *boves, iumenta, mulos, greges* wurden nicht gestrichen, dürfen auch weiterhin erbeutet werden.[127] Und im Exkurs über Florentiner Literaturgeschichte wird Boccaccio nun wirklich frivoler als Petrarca, nicht bloß «etwas» frivoler, *paulo lascivior*. Oder da stand: Der Papst lachte und verabschiedete ihn: ‹lachte› wird, mit dem voraufgehenden Scherz, gestrichen – und das ist ein tiefer Eingriff in das Charakterbild des Papstes, denn bei Pius wird viel gelacht, nicht nur im Selbstporträt der *Commentarii*, sondern auch in der Kennzeichnung durch die Beobachter (*Sua Santità comenzò a ridere*; *sempre ridendo con lieta faccia*; *ridea grandemente*; und ähnlich).[128]

Es ließen sich von diesen Streichungen, die seit ihrer Veröffentlichung durch G. Cugnoni 1883 ja bekannt sind, noch viele kuriose und kennzeichnende Fälle bringen, aber wir wollen bei unserem Thema bleiben. Darum sei hier nur darauf hingewiesen, daß diese Zensur nicht einmal Halt macht vor den unschuldigen Szenen der Ausflüge und Landaufenthalte. Da werden ganze Episoden gestrichen. Der Wettlauf der Knaben in Pienza: zum guten Teil gestrichen, denn

Abb. 17: Die Muskete, deren Erfindung und Handhabung von Pius II. ausführlich beschrieben wird (Comm. S. 272), hier, auf einem italienischen Totentanz des Quattrocento, in der Hand des Todes. Clusone bei Bergamo, Oratorio dei Disciplini, Fresko von 1485, Ausschnitt.

 für einen Papst gehört es sich nicht, den jungen Sieger schön und seine Mutter anmutig zu finden; das Verhalten des französischen Kardinals, statt am Picnic teilzunehmen lieber «richtig» bei den Orsini in Campagnano zu essen: gestrichen, denn zwischen Papst und Kardinälen gibt es keine Mißhelligkeit über solche Trivialitäten; daß die verfallende Abtei von Falerii Novi als Stall für Pferde mißbraucht worden sei – gestrichen, das darf es doch nicht geben! Oder beim Ausflug nach Ostia die Episode, daß die Gesellschaft darüber wettete, ob ein Bauwerk, das sie von Porto her von weitem sahen, wohl in Ostia oder nicht eher auf der *Isola sacra* liege: gestrichen wohl weil nicht relevant genug (der Hl. Filippo Neri hätte 1584 ein solches Spielchen mit seiner Jugendgruppe gewiß mitgemacht!). Oder wieder kleinliche Eingriffe: beim gleichen Ausflug nach Ostia wird beim Mönch, den Pius am Boden liegen sieht «in Schlaf und Rausch», *somno vinoque sepultum,* das «und Rausch» gestrichen, denn sich betrinken – das tut ein Mönch nicht, nur schlafen (daß er somit zugleich ein Vergil-Zitat verstümmelte, wird den Zensor nicht betrübt haben).[129]

Man darf sich, in einem abschließenden Teil, endlich fragen, ob seine Umgebung an diesen Ausflügen und Essen im Grünen ein ebensolches Vergnügen hatte wie der Papst selbst. Eigentlich war Pius II. sensibel genug, sich diese Frage *selbst* zu stellen. Denn er kannte – und beschrieb – höfische Gesellschaft sowohl von unten wie von oben. Von oben in seinen *Commentarii,* in denen er, als Papst, mit dem gereizten Blick des Dienstherrn die versteckte Kritik und die hinhaltende Renitenz mancher Kurialen registriert und sich mit bissigen Porträts revanchiert: beginnend mit Höflingen, die, zu eigener Förderung, vom Papst Unmögliches erwarten, und ihm höchstens im Nachhinein gerecht werden, wenn sie – und das ist eine zeitlos treffende Beobachtung! – den Nachfolger dann noch gräßlicher finden.[130] Bis hinauf zu den Kardinälen, denen er – aber auf Gegenseitigkeit! – auch Bosheiten offen ins Gesicht sagt, und diese Wortwechsel dann niederschreibt, um seinen persönlichen Führungsstil zu kennzeichnen.[131]

Und höfische Gesellschaft von *unten,* von Pius geschildert aus ebenso intimer Kenntnis und ebenso illusionslos, in seinem bekannten Traktat *De curialium miseriis,* «Vom Elend der Hofleute» von 1444[132], geschrieben lange vor dem Kardinalat. Es mag jedoch sein, daß Pius sich in der Euphorie seiner Sommerausflüge manchmal der Vorstellung hingab, das «Elend der Hofleute» sei an seinem Hofe nicht ganz so elend – jedenfalls in einigen Bereichen, die ihm selbst wichtig gewesen waren und an denen er Mangel gelitten hatte, wie er im «Elend der Hofleute» ausführt, etwa: nie an die frische Luft zu kommen (das kam man bei ihm mehr als genug). Oder: immer nur dieselben Städte zu sehen (davon konnte bei diesem Papst keine Rede sein). Oder: die besten Bratenstücke immer nur vorbeigetragen zu sehen zum Tisch des Fürsten[133] – nein, jetzt aßen die Höflinge dasselbe wie der Papst, freilich: nicht ebenso Gutes, sondern ebenso Schlichtes, wie nicht nur die Beteuerungen in den *Commentarii*, sondern auch die bescheidenen Ausgaben in den Rechnungsbüchern zeigen. Die Kastanien, die Milch, das Wasser des Baches, wonach er sich früher bei Hofe gesehnt hatte, nun konnten auch seine Höflinge davon kosten – ob sie wollten oder nicht!

Daß Pius' II. Eßgewohnheiten nicht gerade luxuriös waren, läßt die – für seinen Pontifikat gut erhaltene – Buchführung des päpstlichen Haushalts erkennen, die die täglichen Lebensmitteleinkäufe registriert. Sie trennt dabei[134] zwischen dem Tisch des Papstes selbst und dem der *familia*, so daß wir über die Essens-Ansprüche Pius' II. gut unterrichtet sind – und gerade für die Monate, als sich die Kurie außerhalb Roms befand (*Spese minute* reg. 1473–1478, 1. Jan. 1459–30. April 1461). Für den päpstlichen Tisch gab es nicht unbedingt «bessere» Speisen als für die *familia*, aber vor allem *frische* Produkte: ausdrücklich frische Eier, frischer Käse, lebende Fische; die ersten Produkte der Jahreszeit; frisch zubereitete und nicht konservierte Nahrungsmittel; und viel Heilkräuter wegen seiner angegriffenen Gesundheit. Die hohe Nachkaufrate von Eßgeschirr in diesen Registern (1459 sind es 1661 Gläser und 1664 Teller) könnte sich unter anderem daraus erklären, daß der Bestand durch das viele Reisen und die vielen Etappen dezimiert wurde.[135]

Kurz: was Pius im «Elend der Hofleute» als besonderes Problem im Verhältnis zwischen Fürst und Höflingen scharfsichtig erkannt und beschrieben hatte, das erlebten in besonderem Maße nun seine eigenen Höflinge. Denn das Lebensgefühl, mochte der Fürst auch noch so sehr davon durchtränkt sein, ließ sich nicht so einfach auf die Höflinge übertragen: das war Idylle und Naturgenuß nicht dann, wenn man selbst dazu aufgelegt, sondern wenn es dem Fürsten danach zumute war – denn *er* bestimmt die Termine.

Konsistorium und Segnatura auf dem Monte Amiata unter schattigen Kastanien zu halten ist schön und gut, nur nimmt sich solche Idylle ganz anders aus in der Perspektive des Höflings: in einem ungebahnten Bergwald auf 1000 Meter Höhe auch noch bei einer Exkursion zu einer Einsiedelei Tinte und Akten parat zu haben – da war es im Palast, im «staubigen schmutzigen Haus», doch kommoder! Aber ein «richtiger» Palazzo sollte es doch sein und nicht das, was Pius manchmal statt dessen bevorzugte: bitte nicht das

 Franziskanerkloster in Tivoli, *domus antiqua et ruinosa,* wo (wie der Papst selbst schreibt) der Wind durch die Fenster pfeift, der Regen in die Zimmer dringt und Ratten «groß wie Kaninchen» nachts umherhuschen[136] – und das alles nur, damit der Papst da seinen schönen Fernblick «auf Rom und die Ebene mit den Schleifen des Aniene und dem herrlichen Grün der Gärten» habe![137] Wer da meinen sollte, der Papst habe hier mit literarischer oder moralischer Absicht aus einem Palast eine Hütte, aus einem großen schönen Kloster die Laube eines Hirten gemacht, der lese die Briefe der irritierten Begleitung: des Papstes Schlafzimmer sei nichts anderes als *una cella da frate facta d'assi,* «eine Mönchszelle aus Brettern. Alle andern logieren schlecht und zahlen gut», *tuti li altri alogiano male et pagano bene.* Ja, der reiche und anspruchsvolle Kardinal Guillaume d'Estouteville findet sein bestes Unterkommen im Zimmer der Schule von Tivoli, auf einem Klappbett neben dem Katheder des Schulmeisters: *dorme cum una letera postiza in uno loco dove se tenea la scola et ancor g'è la scragna del maestro.*[138]

Besser ging es auch dem Borgia-Kardinal nicht, dem späteren Alexander VI., *non sta meglio degli altri.* Dabei seien diese beiden (heißt es in diesem Brief) noch die am besten Untergebrachten: da könnt Ihr Euch vorstellen, wie die anderen untergebracht sind![139] Und so wird – wie natürlich längst schon über die Wohnverhältnisse in Rom[140] – über die Häuser in Tivoli hergezogen, etwa: «für Tivoli ist das Haus schön, aber nach Mantuaner Maßstäben wäre es ein schöner Stall unten, und oben ein Heuschuppen».[141]

Der dies schrieb, der Gonzaga-Gesandte Bartolomeo Bonatto, hatte aus Kostengründen zusammen mit dem Sforza-Gesandten Ottone del Carretto eine Wohnung gemietet und ließ nun seinem Mißmut über diese Sommerfrische, die dem Papst so zusagte, freien Lauf. Zwar lebe sich's hier *senza malenconia et cum bon aere, ma da lì ultra g'è ogni sinistro che si possa pensare:* das Brot schlecht, der Wein schlecht, das Wasser schlecht (*tristo pane, tristo vino . . ., pesime aque*), und so hoffen beide auf eine erste gute Einladung. Aber das gelang nicht sogleich[142] – bis sie endlich sogar die Wahl zwischen dem Gasthaus «Zum Hut» und dem Gasthaus «Zu den Schlüsseln», der *hostaria del capello* und der *hostaria deli chiavi,* also zwischen Kardinals-Tafel und Papst-Tafel hatten.[143] Nun war alles gut, *in effecto li se atende a viver alegramente.* Endlich beruhigt sich unser Briefschreiber.

Daß Pius nicht nur den Fernblick von Bergeshöhen, sondern auch den Ausblick aus seinen Unterkünften schildert wie hier in Tivoli, findet man in den *Commentarii* auch sonst, am schönsten bei der ausführlichen Beschreibung des in Pienza errichteten Familienpalastes. Von seiner Südfront habe man einen schö-

Abb. 18: Ausblick aus dem Fenster. Vorn ein kleiner Fluß mit buschbestandenen Ufern, darauf ein Kahn; eine Gebäudegruppe, davor ein ummauerter Garten; dahinter die Ebene gegen die Berge: Antonello da Messina, Der Hl. Hieronymus im Gehäus, um 1475, Ausschnitt. London, National Gallery. – Nicht nur der Fernblick von Bergeshöhen, auch der Ausblick aus seinen Fenstern findet sich bei Pius verschiedentlich beschrieben (s. S. 56–58).

Abb. 19: Aus Marias Gemach, in der Verkündigung *von Antonio und Piero del Pollaiuolo, blickt man aus dem einen Fenster hinab auf Florenz, aus dem anderen Fenster über eine weite, wohlbestellte Ebene bis an den Fuß der Berge, durchzogen von einem Fluß, mit Casali und Herrenhäusern. Berlin, Staatliche Museen, Gemäldegalerie: um 1470, Ausschnitt. – Unter den von Pius beschriebenen Ausblicken am ausführlichsten der Rundblick aus dem obersten Geschoß seines Palazzo Piccolomini in Pienza: über dem Grün naher Wiesen, Wälder und Obstgärten werden in der Ferne nicht weniger als 15 Orte, Berge und Flüsse benannt (Comm. S. 547–549).*

 nen Blick auf den Monte Amiata; und abermals: die mittlere Loggia gehe gegen den Monte Amiata; und noch einmal: von dort Blick auf den hohen, bewaldeten Monte Amiata – ja bei der Beschreibung des Rundblicks aus dem obersten Geschoß kann er sich gar nicht genug tun, wenn er über dem Grün naher Wiesen, Wälder und Obstgärten in allen vier Himmelsrichtungen nicht weniger als 15 (wahrnehmbare oder orientierende) Orte, Berge und Flüsse angibt![144]

Was in Leon Battista Albertis Traktat über die Baukunst damals als Ausblick vom Herrenhaus systematisch abgehandelt wird (atmosphärische Wirkung beim Ausblick auf Berge im Norden, im Süden usw., wenn fern, wenn nah, besonders schön gegen Ost und West bei mittlerer Entfernung, usw.),[145] wird bei Pius von einem bestimmten, ihm vertrauten Punkte aus leibhaftig gesehen und beschrieben. Daß der Blick aus Fenster oder Portal, kurz: daß der gerahmte Blick zum Thema wird, begegnet nun bekanntlich auch in der Malerei: der Blick aus dem Fenster auf weite Landschaft im *Hl. Hieronymus* von Antonello da Messina in London, und in der *Verkündigung* von Antonio e Piero del Pollaiuolo in Berlin (aus dem einen Fenster von Marias Gemach der Blick auf Florenz, aus dem anderen der Blick in die Landschaft), der monumental gerahmte Ausblick in Giovanni Bellinis *Marienkrönung* der Pala di Pesarò; und noch der ärmliche Stall in klassischer Ruine in Pinturicchios *Anbetung der Hirten* in Spello bieten einen schön gerahmten Ausblick in die Landschaft.[146]

Doch mache man sich nun auch einmal klar, welche logistischen Probleme diese Villeggiaturen, Fernblicke, Landschaftserlebnisse mit sich brachten. Einen – wenn auch stark reduzierten – Hofstaat droben am Monte Amiata oder im entlegenen Petriolo mit dem alltäglichen Bedarf zu versorgen, war nicht einfach. Selbst die Grundversorgung erwies sich als schwierig wegen der Jahreszeit, «da das alte Getreide überall schon verzehrt und das neue noch nicht gedroschen» war.[147] Und man mußte nicht einmal ein besonders anspruchsvoller Kardinal sein, um in einem schwer zugänglichen Badeort darüber zu klagen, daß «wir in diesem unbequemen Ort viele Dinge entbehren müssen, die wir woanders gewöhnlich im Überfluß haben».[148] Der Aufenthalt des Papstes in den entlegenen Bädern mußte (hier war man ja nicht im Kirchenstaat) auch von Siena vorbereitet und begleitet werden, die Ehrengeschenke dort hingeschafft und überreicht (92 Flaschen Wein, 14 Wachsfackeln, Marzipan usw. «wurden öffentlich überreicht als Seine Heiligkeit aus dem Bad kam», *quando usciva dal bagno*),[149] die Wünsche des Papstes durch den ins Bad abgeordneten sienesischen Kommissar erkundet werden, denn man hoffte ja immer auf einen nächsten Aufenthalt des Papstes in Siena selbst (und mußte dann vernehmen, daran sei im Augenblick wohl nicht zu denken, der Papst sei verärgert über den jüngsten Ratsbeschluß). Und auch in einer Stadt kostet das *mangiar nel giardino* seine Vorbereitung: «man fängt schon mit der Vorbereitung an, denn da man hier nicht den Überfluß der Lombardei hat, kann man das nicht in einem Zug organisieren».[150]

Die Höflinge, die das Leben in Rom mit seinem Trubel, seiner Informationsdichte, seinen Botschafter-Auftritten gewohnt waren, fühlten sich bei diesen Villeggiaturen draußen abgeschnitten und verloren: *Nui siamo in luochi cussì solitari e remoti che non ce accade sentire novella alcuna,*[151] heißt es in den Wochen um den Monte Amiata; *pocho se fa essendo li prelati et cortesani sparti in diversi luoghi et pochi ne sonno apresso Nostro Signore*: «hier tut sich wenig, weil die Prälaten und Höflinge über verschiedene Orte verteilt und wenige beim Papst sind».[152] Sie hatten mit den Villeggiaturen des Papstes einige Probleme, denn es war ja nicht *ihre* Sommerfrische, sondern sozusagen *Dienst*-Sommerfrische. Wenigstens lebte sichs hier gesund, kam sogar Magenverstimmten der Appetit rasch zurück wie dem jungen Gonzaga-Kardinal, der als Rekonvaleszent bei einem Spaziergang im Wald ein schönes Kalb sieht und es sogleich ganz essen will: *in tavola fu portato uno vitello integro cotto in lo forno, lo quale lo R.mo Monsignor andando per lo boscho vide et venege uno appetito de manzare questo vitello integro.*[153]

Was die Höflinge noch am ehesten mit diesen entlegenen Orten versöhnte, war, daß sie «wegen der guten Luft» für die Pest unerreichbar schienen: *stiamo qui in loco dove le malatie possono pocho durare per lo bono haere c'è.*[154] Dann näherte sich die Pest, bisher nur in Rom und Viterbo wütend, doch dem Monte Amiata, wie mit panischem Schrecken berichtet wird: Orvieto – und der Kardinal Nikolaus von Kues verläßt sofort die Stadt; Montalcino – und die dort untergebrachte Kanzlei bricht sofort auf.[155] Ja selbst die Abtei-Siedlung auf dem Monte Amiata habe Pesttote, nur verheimliche man das.[156] Aus den Briefen spricht die Atmosphäre von Verängstigung und gegenseitigem Mißtrauen, «denn da der Hof ja erst vor kurzem aus dem verpesteten Viterbo aufgebrochen ist, weiß man noch nicht, vor wem man sich in acht nehmen muß».[157] Man wird diesen Gesichtspunkt – die Villeggiatur nicht nur als Naturgenuß, sondern auch als Entfernung von der Pest – übrigens nicht nur bei den Kurialen (in deren Briefen er immer wieder hervortritt) noch stärker gewichten müssen, sondern auch bei Pius selbst.

Daß die Anwesenheit des Hofes die Preise überall – und gerade in diesen kleinen Orten – in die Höhe trieb, bekamen die Kurialen rasch zu spüren: «Die Streu ist teuer wie Balsam», *lo stramo caro como balsamo.*[158] Der Pestverdacht tat nun ein übriges. Zwar kann Pest längerfristig zu sinkenden Preisen führen, da sie ja das Verhältnis zwischen Menschenzahl und verfügbaren Ressourcen verschiebt. Aber die Augenblickswirkung war jetzt, «da der Hof, wohin er nur kommt, die Pest mit sich zu bringen scheint», eine ganz andere, verteuernde: «alles ist sehr teuer, weil wegen der Ansteckung der Handel zurückgeht».[159]

Hinzu kam, daß die großen Hofbankiers gar nicht daran dachten, des Papstes Vorliebe für dauerndes Umherziehen und entlegene Badeorte zu teilen. Wie aber kommt höfische Gesellschaft – von Natur aus kredithungrig – ohne solche Bankiers an das fürs Auftreten, ja fürs Leben nötige Geld, das ja nicht auf dem Monte Amiata wuchs, sondern aus französischen Pfründen, mailändischen Staatseinnahmen usw. floß?[160] Die Hofkaufleute seien in diese Orte nicht mitgekommen, selbst die offiziellen Depositare der Apostolischen Kammer und der Thesaurar könnten die erforderlichen Gelder kaum beschaffen.[161] So mußte sogar der Gesandte des reichen Herzogs von Mailand 3 Pferde verkaufen, denn er hatte nichts mehr: «kein Geld, keine verpfändbaren Sachen, keinen Kredit bei den Bankiers», *non ho più denari nè pegno nè credito con li bancheri,*[162] und sein Kollege Giovanni Caimi schreibt bitter: «ich weiß genau, daß ich in solchen Badeorten [wie dem kleinen Macereto bei Siena] nicht mit 20 bolognini für mich und das Pferd auskomme».

Bei Pius' unorthodoxem Planungsstil wußte man im übrigen nie genau, wie lange ein solcher Schwebezustand dauern werde, und wann der Hof wohin weiterrückte. Denn *er* bestimmte die Termine. Welche Aufregung gleich ausbricht, und welches Briefeschreiben anhebt, wenn der Papst im Konsistorium den Kardinälen etwa sagt, er wolle bald in die Bäder von Viterbo gehen, ersieht man aus den diplomatischen Korrespondenzen. Der Aufbruch konnte völlig abrupt erfolgen: binnen 6 Stunden wurde der Monte Amiata verlassen, schreibt überrascht der sienesische Kommissar.[163] So war man nun am nächsten Ort, aber wie es dann weitergehen werde, wußte niemand, auch der Papst nicht: «Seine Heiligkeit läßt mehrere Orte inspizieren, wie da der Aufenthalt wäre, nämlich Perugia, Todi, Città di Castello».[164]

Wie wenig sich Pius' Bewegungen voraussagen ließen, dazu vergleiche man nur die Voraussagen der bestinformierten Gesandten mit dem endgültigen Itinerar. Im Mai 1460 rechnete man damit, der Papst werde womöglich sogar drei Badeorte hintereinanderschalten: Bagni di Macereto, Bagno Vignoni, Bagni di Petriolo, «mehrere Monate lang auch noch nach Ende der Badesaison, zu seiner Erholung, um freiere Luft zu haben, und auch um den lästigen Audienzen zu entgehen».[165] Es wurden dann nur zwei statt drei Thermalquellen – aber in

Rom zurück war man gleichwohl erst nach weiteren 6 Monaten. Auf Jahreszeiten wurde ohnehin keine Rücksicht genommen: 4 Wochen im winterlichen Todi waren gewiß kein Vergnügen, aber da wartete man auf die Nachricht, Rom sei pestfrei.[166] Aber daß Pius in seinem letzten Jahr Anfang Februar (!) aufbrach, um Pienza, Siena und die Bäder zu sehen, wird seiner Umgebung kaum eingeleuchtet haben: dem Papst entgegenzugehen und ihn, in tiefem Schnee (*neve grande*), hinauf ins hochgelegene Radicofani zu geleiten, kam die sienesischen Gesandten schwer an.[167]

Unbequem war das dauernde Unterwegssein auch sonst für die begleitenden Gesandten: der mailändische Gesandte kam einige Tage lang nicht an seine Akten, weil er sie in Kisten verpackt und in einer Villeggiatur nahe Tivoli bei seiner Frau deponiert habe.[168] Um nicht zu reden von den Widrigkeiten, die dieses Hin und Her denen bereitete, die ein Anliegen an der Kurie durchzusetzen hatten und zu diesem Zweck den Papst sozusagen belagern mußten, der ihnen immer wieder entwischte.[169] Unbequem auch für die Dienerschaft, die die Garderobe der hohen Herren in Ordnung zu halten hatte und unterwegs oft nicht die erforderlichen Gelegenheiten fand. So klagte der Haushofmeister des Kardinals Francesco Gonzaga in einem Brief an dessen Mutter, daß bei solchem Herumziehen die Kleider des Kardinals zu Fetzen zerfielen, denn nur in Rom würden sie richtig und schonend gewaschen, hier unterwegs aber «sind wir in Orten gewesen, wo sie statt Seife und Asche Kalk benutzen ...; sie schlagen [die Wäsche] mit Steinen und scheuern sie, wenn sie die Flecken herausbringen wollen».[170]

Und die kleinen Städte am Wege, die heutige Touristen so anziehen, waren das Letzte, was verwöhnte Höflinge damals sich zur Übernachtung wünschten. *Siamo giunti qui a Sutrio, che è pur un altra meza citade, como è Montefiaschone, anchora più triste,*[171] Sutri noch trister als Montefiascone. Natürlich wurde auch das kleine Pienza, der von Pius ausgebaute Geburtsort, in diesen Kreisen mit Spott bedacht: «Von einer Stadt hat sie nichts außer dem Namen», die neue Kathedrale dort wird «mit mehr Feierlichkeit eingeweiht als es der Ort verdient», und da besuchen uns nun «diese Bauern, pardon, Edelleute, von ‹Pius-Stadt›!»[172]

Und in diesem Kaff sollten nun Kardinäle Paläste bauen? Sie wollten natürlich nicht, und die Einwohner wollten auch nicht. Das erfahren wir freilich nicht aus Pius' *Commentarii*, wo alles eitel Freude und Zustimmung ist, sondern aus den Briefen der Betroffenen. Aber der Papst, der Prioritäten zu setzen (und durchzusetzen) wußte, hat in dieser Frage nicht locker gelassen. Wie viel ihm der Bau von Pienza bedeutete, merkte seine Umgebung bald. Im Mai 1460 erwirkte er, aus den Bädern, von Siena die Aufhebung des Verbots, in der Val d'Orcia die den Feldern schädlichen Büffel einzusetzen, da der Transport von Säulen und Balken ohne Büffel einfach nicht zu bewältigen sei.[173] Und kaum daß er überstürzt den Monte Amiata verlassen hatte und in Pienza angekommen war, wollte er hier auch schon die Baustellen sehen: «Heute morgen hat Seine Heiligkeit sich durch den ganzen Palazzo tragen lassen, von oben bis unten, und ebenso in der Kirche, und sah es mit großer Freude ... Hier paßt man sehr auf, daß bloß keine Fremden hereinkommen ...».[174]

Man vergesse über Pius' Stolz auf seine Schöpfung Pienza und seiner liebevollen Beschreibung im übrigen nicht, daß sein Blick von hier auf Siena ein bitterer war: der Konflikt um sein Bemühen, verbannte Adelsfamilien – wie die Piccolomini selber eine waren – dorthin zurückzuführen, wird von Pius selbst deutlich angesprochen. Aber noch deutlicher reden die Gesandtenberichte: Siena weise das entschieden zurück und «wolle sich eher mit dem Teufel in der Hölle verbünden als diesem Ansinnen zuzustimmen»; und daß der Papst «seine *figlioli senesi* aufsuchen wolle: diese Formulierung sei von Seiner Heiligkeit wohl ironisch gemeint».[175]

Das permanente Umherziehen mit Prälaten von Rang und Kurialen von Anspruch mußte, auf Reisen wie in Sommerfrische, fast Nacht für Nacht zu Ärger führen, den vor allem wieder die Dienerschaft zu spüren bekam. Um so größer der Stolz bei der Gonzaga-*familia* (deren Urteile, durch die Überlieferungslage, überrepräsentiert an unser Ohr dringen), beim Kongreß von Mantua die Unterbringungsprobleme auch für die höchsten Prälaten zufriedenstellend gelöst zu haben (16 Kardinäle hatten damals untergebracht werden müssen!) – um so befriedigter dann aber auch die hämischen Vergleiche mit den Kardinals-Unterbringungen etwa auf der Rückreise in Siena: «Es ist jammervoll, ihre Häuser zu betreten – ich sage nicht Palazzi, denn Palazzi genannt zu werden verdienen sie nicht». Und der Briefschreiber fährt fort, sich an den Unterbringungsproblemen der Kardinäle zu weiden; der eine könne seine Teppiche nicht hängen (dabei seien sie notwendig, um all diese Mängel dort zu verdecken), der andere sei täglich mit Baureparaturen beschäftigt, und alle – auch der Papst – priesen nun Mantua zur Zeit des Kongresses: «Unter denen, die in Mantua waren, war der kleinste Bischof würdiger untergebracht als jetzt hier diese Herren Kardinäle».[176]

Eine zusätzliche – und als ganz unnötig empfundene – Belastung war auch die Vorliebe dieses Papstes für überraschende Besuche. Sein formloses Eindringen in die Räume konnte unvorbereitete Gastgeber ganz schön in Verlegenheit bringen: «Er kam überraschend zu Besuch ins Kloster..., betrat den häßlichsten Raum von allen, wo Pferdeschmiere und tausenderlei Dreckszeug herumstand, und hielt dort mit den vier Kardinälen Sitzung», berichten die Familiaren des Kardinals Gonzaga fassungslos über dieses Konsistorium im Pferdestall.[177] Und so ist es oft: *... che quasi nexuno seppe la venuta della Santità Sua; senza saputa de alcuno excepto una meça hora inançi; venne a visitare questo monastero al improvisa; tanta fu presta et inoppinata la venuta sua...*, usw.[178] Ja man hatte den Verdacht, er mache sich geradezu einen Spaß daraus, die Menschen dann in Verlegenheit zu sehen: «Seine Heiligkeit kam unversehens herein, daß es schien, er habe Vergnügen daran, seinen Bürgern [von Pienza] einen Streich zu spielen und sie so ahnungslos anzutreffen».[179]

All diese Unannehmlichkeiten waren vielleicht nicht so sehr dem Papst, um so mehr aber den Höflingen bewußt, wie man aus Bemerkungen ersieht, für den Papst sei das erholsam, *tamen a tutta la Corte è di grande incomodità. Ma vole sopratutto cerchare de vivere.* Oder: *non però sença incomodità et senestro di molte persone.*[180] Allein die Tatsache, daß – außerhalb der Städte – ein solcher Hofstaat nie ein geschlossenenes Quartier fand, sondern auf oft weit voneinander entfernte Örtlichkeiten verteilt werden mußte, schuf logistische Probleme. Wenn schon der Gonzaga-Kardinal auf die Frage, wo er sich denn gerade befinde, seiner Mutter schrieb, er wisse es selber nicht, denn Personal und Sachen seien rings verstreut, in Rom, in Viterbo, in Foiano, in S. Anna in Camprena[181] – wie mußten sich da erst einmal die gewöhnlichen Kurialen belastet fühlen, die die Arbeit zu machen hatten?

Sogar für wichtige päpstliche Behörden war es schwer, auf dem Lande Unterkommen zu finden. Das Personal der Kanzlei fühlte sich schließlich regelrecht hinausgeworfen, *cacciati.* 1462 war die Kanzlei zunächst in Montalcino untergebracht. Als sich Pestverdacht ausbreitete, sollte sie nach Asciano verlegt werden – aber die Bewohner wollten die päpstliche Kanzlei durchaus nicht haben und sollten nun von Siena unter Druck gesetzt werden, wie die Kardinäle Rodrigo Borgia und Jacopo Ammanati in einem Brief aus Pienza verlangten.[182] Als Zwischenlösung brachte man die Kanzlei dann im kleinen Paganico südwestlich von Montalcino unter, aber da wollte sie nun der Hausbesitzer nicht haben und kündigte unter dem Vorwand anderweitiger Vermietung, wie Kardinal Borgia (als Vizekanzler für die Unterbringungs- und Verlegungsprobleme der Kanzlei zuständig) nun aus dem benachbarten Bad von Petriolo Siena mitteilte mit der abermaligen Bitte, Druck auszuüben *per modo che a noy non sia necessario mutar albergo nè hoste.*[183]

Und so ging es vielen. «Die Hofleute brachen auf, fanden aber niemanden, der sie aufnahm», klagt einer; «Ihr könnt Euch vorstellen, was die für Unannehmlichkeiten hatten, denn sie wünschten sich doch eine feste und angemessene Bleibe».[184] Daß von den Höflingen Kritik an diesem dauernden, als völlig unnötig und mutwillig empfundenen Hin und Her offen ausgesprochen wurde, bemerkt Pius' Biograph Platina denn auch ausdrücklich.[185]

Lange mußten sie das nicht erdulden: mit der letzten qualvollen Reise des Papstes nach Ancona (*voglio tacere le bastieme* [bestemmie, Flüche] *et le maleditioni che se dicono*)[186] war alles zu Ende. Noch im Aufbruch nach Ancona – von dem ihm viele abrieten – wollte er, in jener Verbindung von Selbstdisziplin und Ruhelosigkeit, trotz Schmerzen «den starken Mann spielen und ließ sich in den Garten, dann in die Peterskirche tragen ... Und eigensinnig beharrte er darauf, er wolle, und wenn er sterben müsse, doch aufbrechen wie er es versprochen habe».[187]

Mit Pius' letzter Reise endete auch das unruhige Hofleben, denn der Nachfolger, Paul II.,[188] war in der Beweglichkeit das gerade Gegenteil. Ab sofort fühlten die Sienesen sich nicht mehr hinzugezogen, sondern gehaßt und verfolgt,[189] begannen sogleich die «battaglie di memoria» um die rechte Bewertung Pius' II.[190]

Fragen wir uns abschließend noch einmal, wie seine Freude an Aufenthalten in freier Natur, an improvisierten Ausflügen auch in unwegsames Gelände, an langen Sommerfrischen in bescheidenen Quartieren, von den Zeitgenossen, und zumal von den Betroffenen, aufgenommen wurde. All das – seine Spontaneität, und diese Picnics im Grünen – erforderte ja eine gewisse Logistik, wie auch die Rechnungsbücher zeigten: rechtzeitig mußten die richtigen Plätze erkundet, mußten fern von städtischen Märkten die Lebensmittel eingekauft werden. Das war nicht so einfach wie es aussah: die Spontaneität des Fürsten erforderte die Verfügbarkeit der Diener – und das Verständnis der Gäste.

Abb. 20: Pius II. erlebt, sterbend, in Ancona das Eintreffen der venezianischen Flotte, an deren Spitze er 1464 den Kreuzzug gegen den Eroberer Konstantinopels, Mehmed II., führen wollte. Der ergreifende Höhepunkt dieser seiner letzten Reise, deren Qualen in den Briefen von Höflingen drastisch beschrieben werden, ist von Pinturicchio vier Jahrzehnte später in großer Erhabenheit dargestellt. Der Schauplatz wird durch den Trajansbogen auf der Hafenmole und die Kathedrale S. Ciriaco auf der Anhöhe bezeichnet. Pinturicchio, Pius-Zyklus im Dom von Siena, Libreria Piccolomini.

Gewiß hätten die meisten vorgezogen, im nächsten Bischofs- oder Baronalpalast zu speisen. Aber offene gastronomische Widersetzlichkeit konnten sich Kuriale nicht erlauben. So etwas erlaubte sich nur der französische Kardinal Alain Coëtivy, der dieser permanenten Picnics endlich überdrüssig wird: soeben noch Frühstück im Freien bei Canepina, und jetzt das angekündigte tolle Essen der Orsini in Campagnano stehen lassen und statt dessen im nahen Formello Bauern um Brot und Zwiebeln bitten. Das ging nun doch zu weit, so zog Coëtivy stracks nach Campagnano, «ließ sich anstelle des Papstes ehren, und fraß das für den Papst zubereitete Essen auf», *pro pontifice honoratus cenam eius voravit* (wie Pius bissig bemerkt, denn er mochte seine selbstbewußten französischen Kardinäle nicht, bei jedem Franzosen den er sah, fiel ihm sogleich die verhaßte Pragmatische Sanktion ein).[191] Kuriale hatten solchen Spielraum natürlich nicht, aber sie hatten notfalls ihre Tricks. Als der Papst anordnete (und sich für seine Person gewiß daran hielt), man solle beim bevorstehenden Besuch von Monte Oliveto Maggiore die strengen, fleischlosen Essensregeln des Klosters respektieren, da stopften sich einige Kuriale vorher einfach die Überreste des reichen Mittagessens beim Kardinal Gonzaga in die Tasche, wie sein Sekretär indigniert berichtet.[192] Frische Luft, schlichtes Essen, all die Ideale des einfachen Lebens, wie sie von den Humanisten mit Enthusiasmus in den klassischen Texten gelesen und propagiert wurden: bei Pius wurden sie *gelebt*, mußten sie *ertragen* werden! Und wer dem nicht nachleben wollte, mußte sich, in Pius' Umgebung, etwas einfallen lassen.

Es findet sich aber auch Zustimmung und spürbares Vergnügen an diesen Ausflügen, und das sei hier hervorgehoben, da es dem Lebensgefühl und Naturempfinden eines Einzelnen – eben Pius' II. – eine breitere Abstützung in ihrer Zeit gibt. Äußerungen von Verständnis und Zustimmung finden sich im reichen Briefbestand der Gonzaga-Korrespondenz, wie wir bereits gesehen haben, so wenn es in den Briefen hieß:[193] *... se disnoe presso de Nepi pur in prato presso uno fiumicello chè de simel luochi molto se delecta Nostro Signore,* «man aß in der Nähe von Nepi auf einer Wiese bei einem Flüßchen, denn an solchen Plätzen hat der Papst seine Freude». Am Tage darauf *presso Fabrica in uno boscho,* usw.; *li cardinali anche se ripossavano sotto qualche umbra; ... ugni matina se fa portare a le verdure de che ha gran piacere.* Oder: *in quello zorno se venne a disenare a una fonte in mezo li boschi, e fatto lo disenar se dormì a quelle umbre suso l'erba ben fresca e bagnata,* «an diesem Tag aß man bei einer Quelle mitten im Wald, und nach dem Essen schlief man in diesem Schatten auf dem Gras, das schön frisch und feucht war». Zwei Monate später, aus der Villeggiatur des Papstes droben in den Wäldern des Monte Amiata, vernehmen wir aus der Gonzaga-Korrespondenz ebenso zustimmende, geradezu poetische Töne. Von dem enthusiastischen Brief Flavio Biondos über einen Ausflug mit Pius war bereits die Rede.[194]

Diese Äußerungen von Dritten sind zugleich noch einmal ein unverdächtiges Zeugnis dafür, daß seine Landschaften tatsächlich von ihm erlebt sind und nicht – nur weil man in seiner Landschaftsschilderung literarische Vorbilder entdeckt hat – Landschaften vom Schreibtisch: erlebte Natur zwischen Ziegen, Dornen, Kieseln. Sich so mit der Natur einzulassen war, wie gesagt, für einen Mann, der an der Gicht litt, auch in einer Sänfte mit Schmerzen verbunden und verrät, wieviel ihm diese Naturerfahrung bedeutete. Manche Beobachter fanden es denn auch kühn, was Pius seinem schwachen Körper zumutete. Und es muß manchen eine Pein gewesen sein, zuzusehen, wie er durch die Landschaft bugsiert wurde. Anfangs saß er noch oft zu Pferde (wie jedenfalls auf der Reise nach Mantua), dann bewegte er sich zunehmend in einer Sänfte aus Leder, die von Menschen, dann auch in einem Aufbau (*careta senza rote*), der von 2 Pferden getragen wurde und drehbar war und sogar mit der Möglichkeit ausgestattet, körperliche Bedürfnisse zu verrichten.[195]

Wieviel ihm dies Verweilen in der Landschaft bedeutete, ja daß er es als integrierenden Bestandteil des Bildes ansah, das er von sich selbst der Nachwelt übermitteln wollte, ersahen wir bereits aus dem breiten Raum, den er solchen Schilderungen in seinen *Commentarii* gibt. Allerdings sieht Pius sich, auch bei solch ländlichen Episoden von großer Gelöstheit, doch immer als den Papst, ist er – der von sich stets in der dritten Person spricht – auch draußen unter Bäumen nie «privat», sondern immer Amtstrager. Seine Landschaftsbilder sind immer mit Menschen belebt, und diese Menschen sind nicht bloß Staffagefigürchen in Veduten, nicht einfach der fröhliche Landmann, sondern es ist der Kardinal X, der Referendar Y, der venezianische Gesandte Z, immer bestimmte Personen. Zwar tritt auch der gutartige Landmann auf, aber auch ihm gibt der Papst ein Gesicht, weil er sich mit ihm an Wiesenbächen, an Waldrändern, ja auch wirklich eingelassen, Milch aus seinem Becher getrunken, Fisch aus seinem Fang gegessen hat, und das nicht irgendwo in Arkadien, sondern an ganz konkreten Stellen: auf dem Monte Amiata, am Aniene, in den Monti Cimini.

Und so finden wir in seinen *Commentarii* immer wieder Gruppenbilder unter Bäumen – nicht irgendwelche Menschen, sondern unverwechselbare Personen seiner Umgebung; nicht irgendwelche Bäume irgendwo, sondern die blühenden Bäume auf den Hügeln bei Siena, Feigen- und Mandelbaum um das Kloster Monte Oliveto Maggiore, Apfel- und Birnbaum und Pflaume im Krater des

[68] Nemi-Sees, die schattigen Riesen-Kastanien des Monte Amiata. «Landschaft mit venezianischen Gesandten» kann *heroische* Landschaft für ihn gar nicht sein, eher verderben ihm diese Krämer-Seelen den Genuß der Landschaft mit ihrer – wie er findet – mesquinen Kritik an seinen Kreuzzugsprojekten: «den Peloponnes wollten sie, nicht Jesus».[196] Womit er ihnen Unrecht tat: wer bekam denn die Rückwirkungen eines solchen Kreuzzugs-Projekts zu spüren wenn nicht die Venezianer? Wer fiel denn im Kampf gegen die Türken: Piccolomini-Nepoten oder venezianische Patrizier? Und ausgegangen wäre Pius' II. Kreuzzug gewiß ebenso ergebnislos wie das Flotten-Unternehmen gegen die Türken, das 8 Jahre später, durch Sixtus IV. 1472, endlich zustande kam.[197]

Darum eine letzte Beobachtung. Man vergesse über diesen heiteren Episoden und Ausflügen nicht die politische Situation, die den Papst oft vor schwere Entscheidungen stellte und in tiefe Mutlosigkeit brachte, wie der Bericht des mailändischen Gesandten vom März 1462 eindrucksvoll beschreibt:[198] eine verzweifelte, geradezu depressiv erlebte Situation nicht lange vor dem – von Pius so gelöst beschriebenen, von Beobachtern so gelöst erlebten – Sommeraufenthalt in Viterbo, am Lago di Bolsena, am Monte Amiata.

Und doch ist, auch unter den drückenden Sorgen der politischen Tagesprobleme, Landschaft intim erlebt und beschrieben. Das eben ist seine Art, Landschaft zu sehen, zu beleben: nicht Idealvedute zeitlos mit figürlicher Staffage, sondern Landschaft topographisch exakt in einem Alltag, der sich vom Goldenen Zeitalter weit entfernt weiß.

Das Erlebnis der griechischen Inselwelt in der Renaissance

Die griechische Inselwelt hat unter den Regionen des Mittelmeeres als Raum landschaftlichen, historischen, archäologischen Interesses und Erlebens heute einen besonderen Rang. Im Spätmittelalter war ihr Stellenwert ein völlig anderer. Was aber können wir über diesen Raum damals wissen, der nicht gerade im Zentrum des Weltinteresses lag, und mit dem auch die Humanisten zunächst nichts anzufangen wußten? Und wie wurden diese Inseln erlebt, ihre Landschaft und ihre Altertümer wahrgenommen?

Am Anfang stehe eine Quellengattung, die für unsere Zwecke die unmittelbarsten Aussagen verspricht: Reiseberichte. Vor allem Reiseberichte von Jerusalempilgern, die fast immer von Venedig ausgingen, sind gerade für das 15. Jahrhundert in großer Zahl erhalten,[1] bisweilen sogar mehrere Berichte aus ein und derselben Galeere: der Vergleich solcher Parallelberichte läßt hervortreten, wie unterschiedlich diese Menschen doch trotz absolut gleicher Bedingungen (Wetter, Piratengefahr, Windstärke, Zusammensetzung der Reisegesellschaft usw.) dasselbe Erlebnis beschreiben, dieselbe Stadt sehen, dieselbe Gefahr erleben.[2] Nur hat diese umfangreiche Quellengruppe bei unserem Thema zwei Mängel. Erstens berührt die gewöhnliche Route der venezianischen Pilgergaleeren die griechische Inselwelt nur am Rande – es sei denn, ein kräftiger Sturm oder die Furcht, den geraden Weg durch türkische Schiffe verlegt zu finden, triebe die Galeere weiter nach Norden noch tiefer in den Archipelagos hinein (nur dieser Situation verdanken wir die ungewöhnliche Athen-Beschreibung des italienischen Notars Niccolò da Martoni). Und nicht einmal besondere Reliquien – die man in Venedig soeben in unvergleichlicher Konzentration gesehen hatte, wie kein Pilger zu bemerken vergißt – gab es im ägäischen Raum zu sehen.

Und zweitens waren diese Pilger-Autoren weder geneigt noch fähig, diesem Raum besondere Empfindungen entgegenzubringen und ihn mit klassischen Reminiszenzen zu verbinden. Man sehe nur einmal, mit welchen sprachlichen Schwierigkeiten ein Pilger von nördlich der Alpen zu kämpfen hat, wenn er sein

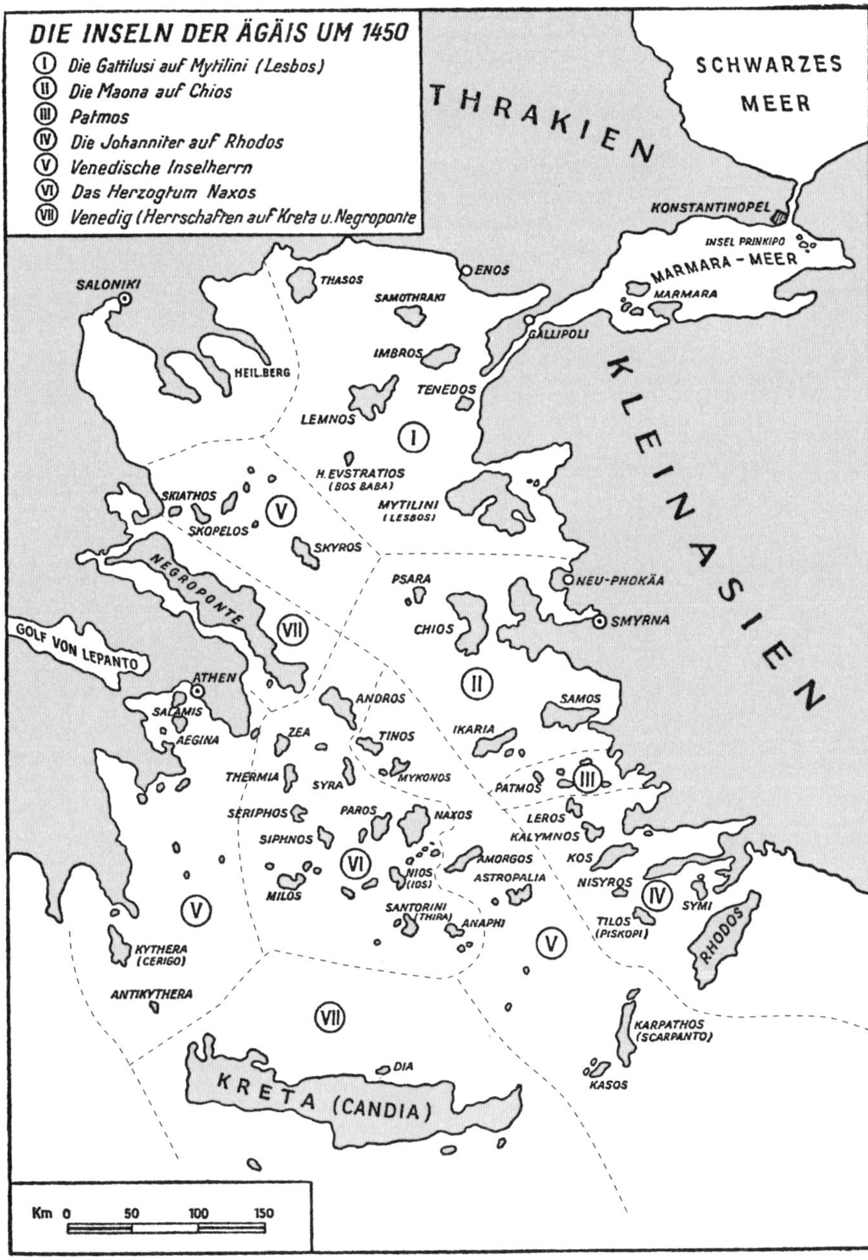

Die griechische Inselwelt um die Mitte des 15. Jahrhunderts.

erstes Amphitheater sieht und den Bau ohne Zuhilfenahme von Fachbegriffen wie «Arkade», «Cavea» usw. unbeholfen als Turnierplatz Karls des Großen zu beschreiben versucht für Leser, bei denen er gleichfalls eine Vorstellung von «Amphitheater» nicht voraussetzen kann.[3] Daß Paris hier die Helena geraubt habe, scheint auf der Höhe der Insel Kythera, die man ja auf Sichtweite passierte, allen Pilgern erzählt worden zu sein, denn es erscheint stereotyp in beinahe jedem Bericht, bei einem gebildeten Mailänder 1480 sogar mit dem zusätzlichen Hinweis auf ein dort angeblich erhaltenes marmornes Helena-Denkmal.[4]

Oder man erzählte auf Kreta, das als venezianischer Stützpunkt angelaufen wurde, von Zeus und seiner Geburt auf dem Ida, von Minos und seinem Labyrinth bei Gortyn, wo denn auch Besucher-Graffiti schon des 15. Jahrhunderts festgestellt worden sind[5]; erzählte in Rhodos vom Koloß, selten mit konkreter Vorstellung (oder gar der alten Überlieferung, das «Idol» habe mit gespreizten Beinen über der Hafeneinfahrt gestanden), und daß – «nach diesem ‹Koloß› wurden sie ‹Kolosser› genannt» – der Apostel Paulus darum den Kolosserbrief geschrieben habe.[6]

Viel mehr antiken Horizont wird man von solchen Pilgertouristen auch nicht erwarten dürfen, und das sei doch hervorgehoben, weil wir vor *diesem* Hintergrund die Reisen eines Cyriacus von Ancona oder eines Cristoforo Buondelmonti mit ihren antiquarischen Interessen werden sehen müssen. Wenn diese Pilger sich von untergegangenen antiken Küstenstädten erzählen ließen, wo *man noch hausser, mauren und thürme under dem wasser sichet,*[7] dann war das für sie nicht Unterwasser-Archäologie, sondern Anklang an Sodom und Gomorrha. Die Begegnung mit griechischer *Gegenwart,* etwa dem orthodoxen Ritus, war für die meisten schon aufregend genug: daß die Priester griechisch sprechen, im Gottesdienst somit, anders als im Abendland, von den Gläubigen verstanden wurden (*comme se on parloit françoys,* macht sich erstaunt ein Franzose klar[8]), war den Pilgern für die Eigenart dieses Raumes kennzeichnender als eine griechische Säule mehr oder weniger.

Doch kommt in solch anspruchslosen Reiseberichten bisweilen sogar Troja vor. Tiefer in den Archipelagos hinein kam nämlich schon im 14. Jahrhundert, wer nicht die venezianischen Pilgergaleeren mit ihrem direkten, auf Jaffa gerichteten Kurs nahm, sondern etwa ein genuesisches Schiff, wie der Deutsche Wilhelm von Boldensele, der auf seiner Heiligland-Reise (1334–36) Troja gesehen haben will, gewiß vom Schiff aus: einen guten Hafen habe es nicht gehabt, und Ruinen seien von der Stadt kaum noch zu sehen – aber eben: *ad has partes Trojae perveni,* ich war selber da.[9] Und kurz darauf nennt auch der Deutsche

 Ludolf von Sudheim auf seiner Orientfahrt (1336–41) Troja, ja er läßt sich erzählen, Venedig sei ganz aus den Steinen von Troja erbaut worden: keine Säule in Venedig, die nicht aus Troja stamme, und was man in Troja an Quadern und Säulen aus der Erde grabe, werde sofort wegtransportiert.[10] Diese seltsame Behauptung, die mit dem trojanischen Gründungsmythos Venedigs zu tun hat, wird in anderem Zusammenhang noch zu erläutern sein.[11]

Aber zurück auf die üblichen venezianischen Pilgergaleeren. Ein deutscher Pilger glaubt 1494 sogar vom Gipfel der Insel Ios Troja in der Ferne zu sehen (*auch sachen wier das lannd und stat Troya*:[12] aus rund 350 km Entfernung, und dazwischen das hohe Naxos!). Einem Italiener konnte man so etwas nicht erzählen: der mailändische Domherr aus der gleichen Reisegesellschaft (und hier sieht man einmal, wie unterschiedlich in Parallelberichten dieselbe Episode erlebt und dargestellt werden kann), der alte Pietro Casola sieht kein Troja, und was dem Deutschen da oben *ain schöns schlos* scheint, wirkt auf den Italiener wie ein baufälliger Schweinestall, *uno stabulo de porci*, in der Lombardei würde man da etwas ganz anderes hinsetzen.[13] Man hätte es vielleicht umgekehrt erwartet: der Italiener sieht Troja, und der Deutsche den Schweinestall; aber es ist anders, und hat, auch das ist kennzeichnend, eben nicht mit Bildungswissen, sondern mit unterschiedlicher Kritikfähigkeit zu tun.

Wenn Troja sogar in solch treuherzigen Texten vorkommt, so ist das nicht in die Breite abgestiegener Humanismus, sondern das, was arglosen Reisenden auf den Schiffen so erzählt wurde, also aufgeschnapptes Reiseführer-Gerede, das immer auch mit Phantastereien versetzt war, auf venezianischen und genuesischen Schiffen vielleicht mit unterschiedlicher Akzentuierung. Im übrigen konnte ja auch ein deutscher Pilger in seiner Muttersprache einen «Trojanerkrieg» in der Nachfolge Konrads von Würzburg gelesen haben, und auch ohne Troja-Lektüre hatten im Latium des Quattrocento sogar einfache Personen vom Lande trojanische Namen (freilich: was wußte der Altpapierhändler Priamo da Tivoli denn schon von Priamos von Troja, was der Schrotthändler Hector von Hektor?).[14] Aber man wird sich überhaupt davor hüten müssen, erwähnte antike Namen, erwähnte antike Episoden schon als Indiz für «Antiken»-Interesse dieser Reisenden zu nehmen: das waren vielmehr, ohne jede historische Dimension, ganz einfach touristische *highlights* wie in einem heutigen Kreuzfahrt-Prospekt.

Troja bekam in diesen Jahrzehnten aber auch eine weitere, aktuellere Konnotation durch die Gleichsetzung von *Teucri* mit *Turci*, von Trojanern und Türken. Diese damals vor allem von Humanisten propagierte Gleichsetzung (sogar Mehmed II. selbst mußte sich bei seinem Besuch in Troja, vor der Eroberung von Lesbos 1462, von seinen italienischen Begleitern *Teukros*, den ersten König von Troja, als seinen Ahnherrn einreden lassen[15]) machte in der ewigen, nun wieder akuten Auseinandersetzung zwischen Asien und Europa den trojanischen Krieg zum Vorläufer des gegenwärtigen Türkenkrieges, und solch welthistorische Zusammenhänge waren ja auch Pius II. nicht fremd.

Der Türkenkrieg aber war, zumal in seiner aggressiven Phase während der 30jährigen Regierung Mehmeds II. *des Eroberers* (1451–81), allen Pilgern schaudernd im Bewußtsein, wußten sie doch, daß sie mit ihrer Galeere türkische Gewässer, ja den Aufmarschraum ganzer türkischer Flottenoperationen durchqueren mußten![16] Und wo unsere Reisenden Atmosphärisches geben, da ist es eben dies: verängstigte, vor jedem gesichteten Schiff hinauf in die Berge fliehende Inselbewohner, wobei gewiß nicht auf jeder Insel so ansehnliche Fluchttürme und Klosterfestungen zu finden waren wie man sie auf Naxos noch heute in großer Zahl sieht; einst bevölkerte, jetzt nur noch von Tieren bewohnte Inseln; selbst die Heiligen-Fresken der Kapellen von den Türken verstümmelt; erleichtertes Aufatmen, sobald man sich im Aktionsradius der ob ihrer Standhaftigkeit und Effizienz bewunderten Rhodeser Ritter weiß. So düster wird von den Reisenden des 15. Jahrhunderts die Realität der ägäischen Inselwelt erlebt, zumal seit das langdauernde, prekäre Gleichgewicht zwischen Venezianern, Genuesen, Katalanen, Türken durch das Vordringen Mehmeds II. (Thasos 1462, Lesbos 1462, Lemnos 1479, ja 1480 Otranto in Süditalien) zerstört worden war.[17] Dabei war der Seeraub in diesem Raum keineswegs nur eine Sache türkischer Schiffe.

Das ist die Realität, derer man sich auch in Venedig selbst grausig bewußt war, schließlich führte die Gewürzroute, sozusagen die Hauptschlagader Venedigs, durch türkisch bedrohte Gewässer – und vergessen wir das nicht, wenn wir von geistigen und stilistischen Bezügen Venedigs in den Osten sprechen: all das geschieht in einem komprimierten Raum unter erheblichem Außendruck! Wie anders die griechische Inselwelt dann aussah nach der Vertreibung der Venezianer und der Johanniter-Ritter, das erfuhr mit Schrecken der Schweizer Pilger Peter Villinger 1565 nach dem Scheitern seines venezianischen Schiffes vor der türkischen Südküste: mit vielen Mitpilgern endete er auf türkischen Galeeren, die die Ägäis durchstreiften und zur Eroberung der letzten christlichen Insel, des genuesischen Chios, ansetzten.[18] Von türkischer Ruderbank nahm sich der Archipelagos anders aus als von italienischem Pilgertouristen-Deck.

Welch lebensvolles und genaues Bild von dieser Inselwelt solche Pilgerreiseberichte gleichwohl geben können, sei zunächst an zwei Texten gezeigt, die von der Renaissance wenig geprägt sind: dem Bericht eines italienischen Notars, Niccolò da Martoni, von 1394/95, und dem Bericht eines deutschsprachigen Dominikaners, Felix Fabri, von 1483/84.

Der italienische Pilger Niccolò da Martoni, ein Notar aus Carinola bei Capua,[19] hatte auf seiner Heiligland-Fahrt 1394/95 nicht den üblichen venezianischen Pilgergaleeren-Kurs der meisten Pilgerberichte genommen: hin fuhr er mit einem Schiff aus Gaeta nach Alexandrien, zurück mit mehreren sich gerade bietenden Gelegenheiten. Denn seine Reise verlief – zu seinem Unglück und zu unserem Glück – in ganz unvorhergesehener Weise und ließ ihn Dinge sehen, die er freiwillig nie hätte sehen mögen, die dann aber doch zu beobachten und zu beschreiben sein wacher Geist interessiert und umstellungsfähig genug war. Das gilt vor allem für seine ungewöhnliche Beschreibung der Akropolis von Athen, die aber außerhalb unseres Themas liegt. Kamele und Pyramiden zu sehen war er irgendwie vorbereitet, auf die Akropolis von Athen nicht.

Die ganz persönliche Perspektive, die seinen Bericht so anziehend macht, drückt sich schon in seinen Vergleichen aus. Zwar konnte er zu seinem Leidwesen nicht alles erkennen, was seine Gefährten sahen, *propter nimiam debilitatem visus*, «weil kurzsichtig» – aber wenn ein Berg so aussah wie das Marsergebirge von zu Hause aus, *sicut mons Marsicus de civitate Calinensi*, dann sah er ihn sofort; ja noch den Müllberg von Alexandrien (*de fimo et immunditia platearum et domorum*) vergleicht er mit einem Hügel bei seiner Heimatstadt.[20] Wie er überhaupt den Vergleich mit Vertrautem zur Veranschaulichung von Fremdem (in mittelalterlichen Reiseberichten gern zu besserer Verständigung herangezogen, um fehlende Begrifflichkeit zu kompensieren[21]) recht weit trieb: Rhodos so groß wie Capua, Famagusta hat Plätze und Häuser wie Capua, auf der Akropolis von Athen sind die Propyläen so schön aus Marmorsteinen gearbeitet wie das Brükkentor (Friedrichs II.) in Capua, ist die Marienkirche (nämlich der Parthenon) so groß wie die Kathedrale von Capua, sind die Säulen des Parthenon «höher als Weinleseleitern», *alta plus de scalis de vendemiando*[22] – was man nur versteht, wenn man weiß, daß die Weinreben bei Capua hoch rankend zwischen Bäumen hängen, wie man stellenweise noch heute sehen kann.

Strapaziös wurde die Reise unseres Notars vor allem durch das Gefühl dauernder Gefährdung: bei jedem gesichteten Schiff spürt er die Furcht der Besatzung, es mit (christlichen) Korsaren oder mit Türken zu tun zu haben – bis sich diese böse Ahnung, auf dem von Rhodos mit hochrangigen französischen Pilgern nach Venedig segelnden Schiff aus Messina, endlich schrecklich bewahrheiten wird. Er wundert sich denn auch nicht, daß er, ohnehin leicht in

Panik geratend und auch noch Nichtschwimmer (*ego enim nesciebam natare*), über den Ängsten dieser Reise vorzeitig graue Haare bekam.[23]

Anders als die meisten Pilger weiß er vom Herzogtum Archipelagos, mehr als 300 Inseln umfasse es. Ja er notiert – da spricht aus ihm wohl der Notar – sogar Ziffern über den Export von Mastix, dem gummiartigen Harz des Mastixstrauchs, von Chios (jährlich für über 15 000 duc.), über den Ertrag der Feigenproduktion auf Nisyros (jährlich 2200 duc. für die Johanniter), über die Höhe der Pachtsumme für Windmühlen auf der Hafenmole von Rhodos, über die Einkünfte von Kos (jährlich 10 000 duc. für die Johanniter).[24] Doch steht natürlich das genuine Anliegen jedes Pilgers im Vordergrund: er notiert alle angetroffenen Reliquien, weiß von Konstantinopel als Herkunftsort vieler Reliquien, usw.

Er erlebt die griechischen Inseln hautnah, wenn auch unfreiwillig: er schläft auf Syme in kalter Ufergrotte, auf Nisyros am Strand, gelangt von Insel zu Insel notfalls auf gewöhnlicher Barke, kommt wegen widriger Winde (es ist Anfang Februar) nicht in die kleinen Inselhäfen hinein oder nicht aus ihnen heraus.[25]

Auf Kos läßt er sich sofort ausbarken, «um die Häuser des weisen Philosophen und Arztes Hippokrates zu sehen». Er bewundert das zwischen Meer und Binnensee gelegene feste Johanniter-Kastell, läßt sich die Häuser des Hippokrates zeigen (jetzt außerhalb, früher wohl innerhalb der Stadt, «weil der Ort damals größer war»): eine verfallene Gebäudegruppe groß «wie ein Kastell», in der die Bewohner von Kos nun ihr Vieh einsperren; läßt sich Fabelhaftes über die Tochter des Hippokrates erzählen, die, in eine schreckliche Schlange verwandelt, demjenigen große Schätze versprach, der sie als Schlange auf den Mund küssen werde: ein Johanniter-Ritter habe es vor kurzem ernstlich vorgehabt, dann aber doch lieber gelassen, ja der bloße Schreck habe ihn das Leben gekostet.[26]

Und weiter durch die Unzahl der Inseln, «die ich nicht alle wissen konnte», *quas omnes non potui scire,* wie er in seinem eher schlichten Latein bemerkt: unbewohnten und bewohnten wie Naxos, Hauptort des Herzogtums Archipelagos, oder Paros benannt nach Paris, dann Siphnos – bis sie endlich auf *Fermia*/Thermia (Kythnos), durch widrige Winde im kleinen Hafen festgehalten, tagelang von einem in benachbarter Bucht ankernden katalanischen Korsaren belauert werden. Dann die Flucht vom Schiff bei aufgehendem Mond, der stundenlange nächtliche weglose Marsch hinauf zum Kastro. Droben ein kleiner italienischer Inselherr, nur ist der gerade auf anderer Insel, aber es gibt doch wenigstens zwei Betten. Und während drunten die anderen Pilger, ausgeraubt, ihre Fahrt fortsetzen, sinnen oben er und seine Gefährten darüber nach, wie sie sich, am ehesten über Athen und Korinth, nach Venedig durchschlagen könnten. Auf kleiner Barke, nachts und in steter Furcht vor türkischen Schiffen, nach kümmerlichen Imbissen am Strand, die ihn mit Bitterkeit an die mehrgängigen Essen dieser Vorfastenzeit daheim denken lassen (in diesen Tagen habe er mehr Tränentropfen geweint als Weintropfen getrunken), erreichen sie endlich, vom Piräus abgetrieben, die attische Küste (zwei Marmorstatuen hier nötigen ihn sogleich zu allegorischer Ausdeutung, denn anders kann ein solcher Mann antike Skulptur noch nicht bewältigen), und nach langem Ritt durch die Regennacht Athen. Und hier beginnt für ihn ein Abenteuer anderer Art: die Begegnung mit der Akropolis und anderen Monumenten. Aber lassen wir ihn ein Stück seiner gefahrvollen Reise durch die griechische Inselwelt selbst erzählen.[27]

> «An diesem Freitag steuerte der Lotse abends den Hafen der Insel Fermia [Kythnos] an – und das war schlimm für uns, wie man sehen wird. Denn als wir da mehrere Tage im Hafen von Fermia lagen und wegen widrigen Windes nicht auslaufen konnten, kam ein kleines Schiff von auf Beute lauernden Korsaren unter dem Kommando des Katalanen Francisco de le Casi. Es konnte wegen des Windes nicht näher an uns herankommen und nahm einen anderen Liegeplatz, der von dem unsern einen Armbrustschuß oder etwas mehr entfernt und durch ein Stück Sandstrand getrennt war. Drei Ritter von unsern Pilgern gingen zu diesem Schiff, um die Absichten uns gegenüber zu erfahren. Denen gab man gute Worte und Versprechungen, wir sollten beruhigt sein, sie hätten nichts Böses vor. Drei Tage lang gaben sie uns solche schönen Worte in der Erwartung, dann günstigen Wind zu haben, um herankommen und uns überwältigen zu können. Eines Abends setzten sie schließlich 30 Armbrustschützen an Land, um den Strand unter Kontrolle zu haben, damit niemand von unserm Schiff fliehen und sich in den Ort Fermia retten könne, der oben in den Bergen liegt, 8 Meilen vom Hafen, und griffen zwei unserer Seeleute. [...] Wir aber waren in großer Furcht.
>
> Herr Antoniazzo[28] redete so sehr und drohend auf den Schiffsherrn ein, daß er uns das kleine Beiboot des Schiffes lieh. Am frühen Abend, als der Mond aufgegangen war, bestiegen wir es mit einigen kleinen Sachen, die wir mitnehmen konnten, und zusammen mit dem Schiffsherrn, dem Lotsen, dem Steuermann, dem Schiffsschreiber und anderen von der Besatzung fuhren wir mit dieser kleinen Barke (*barchulina*), die so beladen war daß sie oft unterzugehen schien, unter großer Angst zu einem Landeplatz weit weg von

denen. Wir nahmen unsere Sachen, ließen das Beiboot da liegen, und begannen unter großer Angst die Flucht in die Berge, auf gewundenen, steilen, steinigen Wegen, immer wieder stolpernd und stürzend. Ich trug ein schweres Bündel mit meinen und Herrn Antoniazzos Sachen um den Hals. Wir flohen die ganze Nacht durch diese Berge auf der Suche nach dem Ort Fermia, um uns zu retten [...] Mein Gott, unter was für Angst, Schweiß und Zittern bin ich da mit dem Bündel um den Hals geflohen! Und ich dachte bei mir mit Staunen, was für Kräfte doch einem schmächtigen und völlig untrainierten Körper bei solchen Strapazen zuwachsen können: das war, glaubte ich, Gottes Gnade und nicht mein Verdienst.

Am Morgen um die dritte Stunde stießen wir auf den Ort Fermia, der auf einem Felsen liegt und fester ist, als man überhaupt sagen kann. Herr des Platzes ist Giovanni [Gozzadini] da Bologna, der kurz zuvor den Ort verlassen und sich zu Schiff zum Herzog des Archipelagos nach Naxos begeben hatte. Man gab uns [...] eine Kammer mit zwei Betten, da blieben wir, solange wir in diesem Ort waren. Der Onkel des Signore, sein Sohn und andere Honoratioren des Ortes erwiesen uns in diesen Tagen viel Freundlichkeit».

[Während die ausgeraubten Pilger das Schiff wieder betreten dürfen, beschließen die Geflohenen droben, die Rückkehr über Athen (seit kurzem venezianisch), Korinth und Venedig zu versuchen]. «Am Fastenmontag, dem 22. Februar [1395], verließen wir nach dem Frühstück den Ort und stiegen hinab zum Hafen, wo die [gemietete] Barke lag. Dort machten wir uns am Meeresstrand, am Abend dieses Montags, ein Fastenessen aus dünnen Fischen[29] und anderen Dingen, die wir mithatten. Nach dem Abendessen stiegen wir in die Barke und legten gegen Mitternacht bei der Insel Kea an, die zur Herrschaft jenes Signore Giovanni da Bologna gehört. Wir schliefen ein wenig im Hafen der Insel und brachen dann nachts wieder auf, in großer Angst vor den Schiffen der Türken. Wir nahmen Kurs auf den Hafen von Athen, der 4 Meilen von der Stadt liegt, konnten aber wegen widrigen Windes diesen Hafen nicht erreichen. So liefen wir am Dienstagabend, 23. Februar, einen anderen Hafen an, der von Athen 24 Meilen entfernt ist.

Nicht weit von diesem Hafen stehen auf einem Berg zwei Marmorstatuen, eines Mannes und einer Frau, von denen folgendes erzählt wird. Dieser Mann habe die Frau, eine Jungfrau, verfolgt um sich mit ihr zu vereinigen. Sie wollte aber nicht und floh durch diese Berge. Als sie erkannte, daß sie dem Mann nicht entkommen könne, betete sie zu Gott, daß beide in Marmorbilder verwandelt würden. Ihr Gebet wurde erhört, und so stehen sie da bis auf den heutigen Tag.»

[78] Auch der deutsche Pilger Felix Fabri, Dominikanermönch in Ulm aus Zürcher Familie[30], wollte in dem hier wiedergegebenen Textstück nicht eigentlich eine griechische Insel beschreiben, sondern das persönliche Erlebnis eines Landgangs anläßlich des Treffens dreier venezianischer Galeeren-Konvois erzählen, deren offizielle Bezeichnung und Bestimmung (*galere di Siria* oder *di Beirut, galere di Alessandria, galere di Traffigo*) er sogar kennt und korrekt wiedergibt.[31] Da er von Jerusalem noch einen Ausflug zum Sinai-Kloster gemacht hatte, mußte er den Rückweg auf venezianischer Handelsgaleere ab Alexandrien statt auf venezianischer Pilgergaleere ab Jaffa nehmen. Nun hat sein Schiff Melos erreicht.

Sein Bericht ist sozusagen eine Momentaufnahme und gibt doch Typisches: so wie noch heute auf ägäischer Insel die Ankunft eines Schiffes für kurze Zeit alles in hektische Betriebsamkeit versetzt – und dann alles wieder in Stille zurücksinkt. Und so beschreibt er in seinem wenig klassischen, eher deutschen Latein lebhaft alles, was ihm vor Augen kommt. Eine anziehende Mischung von präziser Beobachtung und empfundener Stimmung, beschrieben mit allen Sinnen: wie sich der plötzliche Einbruch des Winters zwischen den Inseln bemerkbar macht; das große Essen am sonst einsamen Strand, Gemeinschaftserlebnis mit sozialen Abstufungen; was man an griechischen Ufern so alles findet: Ruinen, und Bimssteine, und tönende Grotten. Oder der hier angetroffene Schwabe, der, Büchsenmeister auf venezianischer Galeere, sich in einer Höhle etwas Salpeter zur Herstellung von Schießpulver ergräbt, usw. Wir wollen diesen Reisenden hier etwas ausführlicher zu Wort kommen lassen.[32]

«Den ersten Dezembertag empfanden wir als streng und rauh, denn die widrigen Winde waren stärker geworden und das Klima winterlich, sichere Seefahrt ist dann nicht mehr möglich. Seit diesem Tage nämlich verfinsterte sich der Himmel mit Wolken, verlor die Sonne ihren Schein, fegten Windböen durch die Luft, rauschte der Wald, ächzte der Boden, tobte es irgendwie in den Höhlen, und alles wurde plötzlich trister (*et quodammodo in cavernis tumultuari et omnia reliqua repente tristari coeptum est*). Morgens bei Sonnenaufgang landeten viele vom anderen Konvoi am Strand, schnitten Holz im Wald, richteten sich über eingeschlagenen Pfählen am Strand eine Kochgelegenheit ein, zündeten Feuer an und trafen Vorbereitungen für ein großes gemeinsames Mahl. Unterdes schickte der Befehlshaber des Syrien-Konvois Boten auf Barken zu allen Galeeren und lud die beiden anderen Befehlshaber, nämlich den unseres Alexandrien-Konvois und den des Afrika-Konvois, sowie die 10 Schiffsherrn und alle leitenden Schiffsoffiziere und seine Bekannten zum Essen ein. Für dieses Mahl schlachteten sie mehr als tausend Hühner, Kälber, Schafe und Schweine, und besorgten sich das Nötige aus den Dörfern.

Als es dann Zeit zum Essen war, fuhren die Befehlshaber mit ihren Trompetern und ihren Kapitänen an Land, und eine große Menschenmenge versammelte sich. Da war nämlich, wie gesagt, mit seinen Trompetern der Befehlshaber des Alexandrien-Konvois, der vier reich beladene und gut bewaffnete Galeeren unter sich hatte; ebenso war da der Befehlshaber des Syrien-Konvois, der das Essen ausgerichtet hatte, mit seinen Trompetern, und der hatte vier Galeeren unter sich; und es kam mit seinen Trompetern der Befehlshaber des sogenannten *Traffico*-Konvois, der Waren aus der Berberei, aus Libyen in Afrika an Bord hat: der hatte zwei riesige Galeeren unter sich. Mit ihnen gingen an Land die zehn Kapitäne mit ihren Schiffsoffizieren, und in ihrem Gefolge noch andere, die nicht [namentlich] eingeladen waren – auf den Schiffen blieb kaum einer. Auch wir Pilger stiegen an Land, kauften Fleisch, brachten uns anderes, wie Wein und Brot, von den Schiffen mit, machten uns an einem Berghang über dem Meer Feuer in einer Höhle unter einem gefährlich überhängenden Felsen, und waren dort alle miteinander vergnügt. Wir konnten aber von der Höhle hinunter auf all die Menschen blicken, und es war schön zu sehen, mit welch fabelhaftem Aufwand diese hohen Herren da zusammensaßen, und das Essen, und die große Menschenmenge, und das Hin und Her: es waren da nämlich, schätze ich, mehr als 6000 Menschen zusammen.

Nach dem Essen ergingen sich die Jüngeren am Strand in verschiedenen Spielen und Vergnügungen, was schön anzusehen war, während die Älteren und die Leute von Rang am Strand spazieren gingen (*senes vero et potentes spatiabantur super littus*); zwischen Meer und Bergen war nämlich ein schöner Platz, breit und begrünt. Auch wir Pilger schlenderten nach dem Essen neugierig umher, und ich will niederschreiben, was wir sahen, damit die Gegend anschaulich wird. Vorn über dem Meeresufer steht eine Kapelle, da gingen wir hinein zum Beten. Vor der Kapelle stand ein junger Minoritenbruder und bettelte um Almosen, den hatte man vom Kastell Melos hierher geschickt. Dieses Kastell liegt hoch oben in den Bergen, die Minoriten haben dort ein Kloster, und wenn Schiffe im Hafen liegen, schicken sie einen Bruder zum Betteln. Außer dieser Kapelle gibt es an diesem Strand keine Behausung. Von der Kapelle stiegen wir herunter ans Ufer zu einer Stelle mit viel Klippen, um dem Aufprall der Wellen auf die Klippen zuzusehen (*ut videremus impactionem maris in scopulos*). Wir fanden dort antike Gebäude aus Quadern und sahen verfallene Mauern auch noch bis ins Meer hineinreichend: wir waren ganz sicher, daß hier einmal ein Kastell zum Schutz des Hafens gestanden habe. Gegenüber auf der anderen Seite steht ein alter Turm, früher Zuflucht von Seeräubern, auch er verlassen und verfallen. Die zehnjährigen Auseinandersetzungen zwischen Genuesen und Venezianern und mit den Türken haben nämlich viele Plätze vereinsamen lassen.

An derselben Stelle fanden wir viele schwimmende Steine, wie sie die Badenden gebrauchen. [...] Ich sammelte mir Bimssteinchen in meine Kutte und nahm sie mit nach Ulm, um mir im Bad die Fersen damit abzureiben[33] und zum Füßewaschen. Diese Bimssteine hatten graue Farbe, an anderen Stellen im Meer fanden sich weiße, die man auf deutsch «Bims» nennt, wie sie Schreiber brauchen, um Pergament damit zu glätten. [...]

Dann stiegen wir vom Bimsstein- zum Sandstrand und sahen dort ein erstaunliches Verfahren. Einige von der Galeere machten nämlich mit Schaufeln gleich neben dem Meerwasser Gruben in den Sand, kaum zwei Schritt vom Meer; das Wasser drang vom Meer durch den Sand in die Gruben und wurde durch dieses Durchfiltern von seinem Salzgehalt gereinigt und zu Trinkwasser; man schöpfte davon, füllte Gefäße und trug sie in die Galeeren.

Es gibt auf der Insel aber auch Quellen, die aus der Erde kommen und noch angenehmer zu trinken sind. Man sagt auch, es gebe in derselben Gegend eine Quelle, die aus tiefem Meeresgrund mit großer Gewalt hinauf durch das Meerwasser und noch mannshoch über die Oberfläche hinaus schieße: da fahre man hin und schöpfe süßestes Wasser, das aus salzigstem Wasser hervorquelle. Von dieser Quelle erzählt man, es sei der Urin irgendeiner Nymphe, die sich mit der alten Charybdis streite.

Wir schweiften über den Strand und kamen anschließend zu einer großen Bergspalte, die bis zum Meer hinunterreichte. Der Felsspalt war nicht breit, aber sehr tief, und wenn das Meer hineinlief, gab es tief hinten einen Ton, als wenn Glocken geläutet würden. Die Spalte war schrecklich anzusehen, der Ton aus dem Innern war seltsam anzuhören und bewies, daß da eine große Höhle im Berg voll Wasser sei, in der vielleicht Untiere hausen. Der Berg hängt nämlich hoch und abschüssig über dem Meer, an seinem Fuß sind Höhlen und scharfgerandete Vertiefungen herausgefressen, in denen bei den häufigen Stürmen die eindringende Wucht der Meerestiefe einen Klang macht wie Donner, wenn man es von fern hört, von nahem hingegen einen Klang wie von Glocken und leeren Gefäßen oder Schellen. Die Wogen nämlich, beim Aufprall auf große Felsen unter toller Schaumentwicklung in die Höhe geschleudert, werden zum Teil von Höhlungen eingesogen unter solchem Lärm und Tosen, daß vor Furcht vergeht, wer sich dieser Stelle nähert.

Denn das heranrollende Meer prallt bei diesen Höhlungen [vorher] nicht auf Felsen oder Klippen, sondern dringt unter den Berg, der hier nämlich ohne jede Unterfangung ganz über dem Meer zu hängen scheint, ganz hohl, und im Berge selbst macht das Meer das Getöse. Während wir dort spazierengingen, hatte ich insgeheim Angst, der Berg werde abbrechen und herunterstürzen, wie das eines Tages zweifellos auch passieren wird. Denn das Meer höhlt diesen Berg aus und nagt dauernd und ohne Unterlaß an ihm, und wenn der Fuß erst einmal fortgewaschen ist, wird dieser Berg zusammenstürzen. So nimmt das Meer jeden Tag, jede Stunde, Stücke Land an sich: darum nennt man das Meer «Landdieb», weil es ganze Länder und Regionen wegträgt.

Dann stiegen wir auf die Höhe, um einen Rundblick zu haben, und fanden dabei viele Grotten und Höhlen. In einer Höhle fanden wir einen Deutschen, einen Schwaben, der aus der Felswand Salpeter grub, von dem es in den Höhlen dort eine große Menge gibt: er war nämlich Geschützmeister auf einer Syrien-Galeere. Diese Höhlen schienen uns durch die Arbeit des Wassers entstanden zu sein, dafür fanden wir eindeutige Indizien: an den Felswänden stießen wir nämlich auf Schalen von Muscheln, und die können nur vorkommen und leben, wo das Meer hinkommt. Das Meer aber war tief unter uns: daraus konnten wir schließen, daß das Meer früher einmal so hoch stand, daß es diese Berge bedeckte, weil die Indizien für Wasser auch an den höchsten Stellen zu sehen sind.»[34]

Fabris Jerusalem-Reisebericht ist unter den spätmittelalterlichen deutschen Pilgerreiseberichten mit Recht der bekannteste. Da er hier neben Autoren tritt, die in Sehweise und Vorgehen vom Humanismus geprägt sind (diese unterschiedlichen Auffassungen sollen hier nebeneinander stehen und nicht in chronologische Abfolge gebracht werden), sei – da der Humanist uns oft als der Vertrautere, ‹Modernere› erscheint – der spezifische Wert von Fabris Darstellung nachdrücklich hervorgehoben. Die Anschauung und Prägnanz, wie sie uns in Fabris Darstellung (und auch in anderen Reiseberichten aus dem Kreis der Bettelorden) ohne viel literarische Überformung entgegentritt, hat einen unerhörten, geradezu modern anmutenden Realitätsbezug. Demgegenüber wirken Beschreibungen aus der Feder mittelmäßiger Humanisten, denen Gelehrsamkeit und Fachsprache bisweilen das Selber-Hinsehen ersetzen, oft farblos und verengt. Die weitere Entwicklung empirischer Wahrnehmung führt auch über Fabri und seinesgleichen.

Wiederum anders erlebt den ägäischen Raum ein spanischer *caballero* und Diplomat, Ruy González de Clavijo. Er sieht das griechische Meer auch nicht einfach von Türken eingeschlossen, weil er weiß, daß es hinter den Türken weitergeht: eben noch, 1402, sind sie aus den Tiefen Asiens angegriffen und von Timur vernichtend geschlagen worden (sonst wäre Konstantinopel schon früher gefallen) – und eben zu diesem Timur ist Clavijo, Gesandter seines Königs Heinrichs III. von Kastilien und León, auf dem Wege nach Samarkand. Wenn er, nach Passieren der Insel Kos mit ihrem – von vielen Reisenden als christliches Bollwerk gepriesenen – Johanniterkastell (s. Abb. 25), hinüberblickt nach Milet, denkt er nicht, wie andere, nur an die türkische Stadt, sondern an das dortige mongolische Feldlager des Vorjahres. Jetzt, im Spätsommer 1403, steht er also erst am Anfang seiner Tausende Kilometer langen Reise, über die er seinen bekannten Bericht schreiben wird.[35]

Anhaltende Nordwinde verlangsamen seine Fahrt durch die Ägäis (30 Tage von Rhodos bis Lesbos!) und lassen ihn, zu seiner Qual und unserem Glück, unfreiwillig vieles beobachten. Er beschreibt Inseln und Inselchen: ob bewohnt, ob Wasser vorhanden, wem sie gehören, vor allem, ob man auf Johanniterritter trifft: «Wir warfen Anker im Hafen und nahmen Wasser auf. Auf Leros ist eine Stadt mit einem mächtigen hohen Kastell umgeben von Häusern, die sehr groß aber in schlechtem Zustand sind. Der Ort ist unter dem Kommando eines Rhodeserritters, die Bevölkerung griechisch». Er schildert die Schwierigkeiten der Navigation («Man entschied nun, direkt Mytilene anzulaufen, um unsere Segel zu reparieren und einen Lotsen an Bord zu nehmen, denn mit der Wassertiefe war keiner von der Besatzung vertraut») und die Schwierigkeit, abfahrtsbereite Schiffe zum Umsteigen zu finden («Endlich fand sich ein kleines kastilisches Schiff mit genuesischem Kapitän») – und das alles in ungemütlicher Nähe der türkischen Festlandsküste. Er hört, und muß das bei seiner Mission auch wissen, von den Thronfolgekämpfen um die Nachfolge des Sultans, von den Thronfolgekämpfen im byzantinischen Kaiserhaus und der Rolle des französischen Gouverneurs von Genua, Boucicault («Die Galeere mit der Depesche für Boucicault kam zurück, als wir noch in Mytilene waren …»), und den verwandtschaftlichen Verbindungen zwischen byzantinischem Kaiserhaus und genuesischen Insel-Signori.[36]

Mytilene wird detailliert beschrieben mit seinen Mauern, Türmen, Gärten, Landhäusern, antiken Ruinen, darunter noch aufrecht 40 Marmorsäulen im Geviert. Vor dem Einlaufen in die Dardanellen sehen sie, bei Tenedos ankernd, an der Küste Ruinen liegen, die sie für Troja halten: «Von unserem Ankerplatz konnten wir Gebäude sehen; wir sahen Stücke der zerfallenen Stadtmauern …». Tenedos, zu Priamos' Zeiten ein belebter Hafen, sei jetzt, nach seiner (umständlich erzählten) Entmilitarisierung im Frieden zwischen Venedig und Genua, völlig unbewohnt.[37] Clavijo beschreibt den Landgang zur Aufnahme von Wasser und Brennholz: Gärten, Kornfelder, üppige Weinberge, dazwischen ein großes zerfallenes Kastell, viele Rebhühner und Kaninchen. Fern im Westen sehen sie den Athos liegen, und lassen sich von der Besatzung eines griechischen Schiffes über die harte Lebensweise der Mönche dort erzählen. 15 Tage hält widriger Wind sie auf Tenedos fest.

Soweit die Quellengattung der Reiseberichte. Da hier das *Erlebnis* der Inselwelt im Vordergrund stehen soll, seien die *lokalen* Quellen, die diesen Raum aus der Perspektive der (griechischen und italienischen) Inselbewohner sehen, hier nicht herangezogen. Aber es sei doch wenigstens kurz auf sie hingewiesen, da sie den Insel-Alltag abbilden, in den unsere Reisenden eintraten.

Über die venezianische und genuesische Präsenz in der Ägäis ist viel gearbeitet worden,[38] dieser Raum war zwischen beiden Seemächten lange heftig umstritten: wenn ein kleiner venezianischer Matrose, 75jährig und halb erblindet, in seinem Pensionsantrag seine Schlachten, Admiräle, Wunden *da LX anni in qua*, «aus den letzten 60 Jahren» in zeitlicher Abfolge erinnert, dann sind das überwiegend Kämpfe mit den Genuesen.[39] Auch Gefechte im griechischen Raum sind unter seinen Erinnerungen (*ancora fu ala rebelion de Chandia cum ser Graciadio Matorelo cum una nave e là fu ferido molto suxo la testa*): die griechische Inselwelt gesehen aus der niedrigen Augenhöhe eines schlichten Matrosen.

Hier sei am Beispiel der Genuesen, die vor allem Chios und ein Stück Küste am gegenüberliegenden Festland in Besitz hatten, nur die Quellengattung genannt, die die lokalen Verhältnisse ganz aus dem Innern erfassen läßt: die Notarsprotokolle.[40] Chios, dessen Mastix-Produktion, von 1346 bis zur osmanischen Eroberung 1566, durch die sogenannte *Maona*, ein genuesisches Unternehmerkonsortium (dann Konzessionäre der Kommune Genua) ausgebeutet wurde, kennen wir aus den Urkunden der dort tätigen Notare bis ins letzte topographische Detail. Denn aus den unterschiedlichen, meist von genuesischen Kaufleuten (Giustiniani, Spinola, Lercario, Usodimare, Lomellino usw.) abgeschlossenen Geschäften wie Verkäufen, Schuldanerkennungen, Bevollmächtigungen, Freilassung von Sklavinnen, Testamenten, Verproviantierung von Galeeren, ersehen wir aus dem Inhalt oder aus der Ortsangabe der Datumszeile die Plätze, Straßen und Gewerbeviertel der Stadt: die zentrale *Platea banchorum* bzw. *Platea della loggia*, also ein Platz mit Arkaden; auf seiner einen Seite die *Sottoriva*, eine gedeckte Straße (*carrubeus tectus*) mit einzelnen genannten Tuch- und Gewürzläden; auf der anderen Seite das ans Meer stoßende *Forum* mit Lebensmittelmarkt und Justiz-Säule, anschließend die *Contrata furnorum*, die wie andere Bezirke innerhalb und außerhalb der Stadtmauern ihre Hauptaktivitäten schon im Namen deutlich kundtun: *Furni* von den Öfen, *Merceria* vom Detailverkauf, *Aplotariá* von griechisch «Auslegeplatz» (wohl zum Trocknen der behandelten und gefärbten Rohseide); *Saponaria* nach der regelmäßig an den Meistbietenden verpachteten Seifenfabrik; *contrata Mastica* nach der für Chios – noch heute – so wichtigen Mastixgewinnung; und immer wieder Gärten. Und all das allein aus den Urkunden der in Chios tätigen Notare.[41]

Chios war überhaupt das Kommunikationszentrum für den Westen im ägäischen Raum, über Chios kam jeder (Abb. 21). Die griechischen Skulpturen, die sich Poggio Bracciolini wünschte, besorgte ihm 1430 der Minorit Francesco da Pistoia, der mit päpstlichem Auftrag in den Osten reiste, von Chios (freilich nur enttäuschende drei Marmorköpfe); und auch mit Andreolo Giustiniani, den wir als Brieffreund des Cyriacus von Ancona dort auf Chios kennenlernen werden, trat Poggio, wie auch Cosimo Medici und Niccolò Niccoli, wegen Antiken-Beschaffung in Verbindung.[42]

Freilich gibt es von diesem wohlhabenden, betriebsamen, gartenreichen Chios auch ein weniger schmeichelhaftes Bild. Michelozzo Michelozzi, einst Cosimo Medicis bevorzugter Architekt, mußte sich im Alter erst nach Ragusa/ Dubrovnik als Festungsbaumeister und anschließend, 1464–67, nach Chios in den Dienst der *Maona* verdingen, wo er, wie jetzt aus dem Briefbuch seines Sohnes Niccolò nachgewiesen werden konnte,[43] in kümmerliche Verhältnisse geriet. Entsprechend unfreundlich ist die Charakterisierung, die Michelozzo bzw. sein Sohn von der Insel und ihren Bewohnern gibt: «Menschen ganz ohne jede Menschlichkeit», hier wächst überhaupt nichts außer Mastix, die Griechen sind eingebildet, blöd und fade, der lokale lateinische Bischof ein Hirte nicht von Schafen sondern eher von stinkenden Böcken (*non ovium sed potius hircorum fetentium*) – und diese griechischen Wesenszüge hätten, leider, «vielleicht wegen des dauernden Umgangs», auf die Genuesen hier abgefärbt.

Noch bekannter als die Mastixgewinnung auf Chios – und wiederum Akten produzierend – war der Abbau von Alaun durch die Genuesen an der gegenüberliegenden kleinasiatischen Westküste um Phokäa, heute Foça, das europaweit vermarktet wurde.[44] Die Abhängigkeit des Abendlandes von diesem für Gerberei und Färberei unentbehrlichen Mineral wurde drastisch ins Bewußtsein gebracht, als die Gruben von Phokäa 1455 durch türkische Eroberung verloren gingen und Alaun sofort knapp und entsprechend teuer wurde: Papst Pius II. widmete diesem Ereignis – und der Euphorie über die unverhoffte Entdeckung von Alaun-Vorkommen um Tolfa nördlich von Rom 1462 – in seinen *Commentarii* einen eigenen Abschnitt.[45]

So war der ägäische Raum den Kaufleuten bis hinauf in die Textilgebiete Englands und Flanderns bereits im Bewußtsein, als Griechenland den Humanisten noch wenig sagte: war bekannt aus Lieferverträgen, Kaufmannshandbüchern, Kaufmannsbriefen. Auch in der umfangreichen Firmenkorrespondenz des toskanischen Kaufmanns Francesco di Marco Datini gibt es immer wieder einmal Nachrichten über Konstantinopel, Lesbos, Phokäa, Smyrna, Chios, Ayasoluk, Santorin, Rhodos, Kreta.[46] Denn natürlich hatten auch die Florentiner hier Handelsinteressen, war auch die *Romania* Absatzgebiet für Florentiner Tuch. Der verwertende Blick des Kaufmanns aber nimmt anderes wahr als die diffuse Neugier des Pilgertouristen.

Wiederum eine andere Quellengattung, auch sie ganz und gar unliterarisch, führt auf ihre Weise durch die Inselwelt: die *Portolane*. Wörtlich «Hafenverzeichnisse», wiesen sie, die Küsten des Mittelmeeres entlang, den Seeleuten den Weg von Kap zu Kap, von Hafen zu Hafen, und hatten in der Ägäis mit ihrer innigen Durchdringung von Meer und Fels viel zu sagen.[47] Portolane nennen (nicht anders als ein heutiges Segelhandbuch, ein «Sea-Guide to the Aegaean») Distanzen, vorherrschende Windrichtungen, und vor allem eben Häfen und Ankerplätze, wobei die Ortsbezeichnungen, in italienischer Volksetymologie (*Alto luogo* nach der Kirche des *Hagios Theologos*, also Johannes' des Evangelisten, als Hafenplatz von Ephesus; *Isola delle scimie*, «Affen-Insel», für Syme, usw.), nicht immer leicht zu identifizieren sind.[48] Dem Namen des Hafenplatzes folgt häufig eine nähere Qualifizierung: «geschützt gegen Südwest- bis Südwinde»; *Scio è buon porto a tutti venti e puoi stare come ti piacie*; oder aber: «diese Insel hat gar keinen Hafen»; gegebenenfalls auch eine genauere Beschreibung der Hafeneinfahrt: «von Westen unterhalb des Kastells»; «fahr zwischen beiden hindurch, aber halte dich näher am Festland als an der Insel».

Doch was hilft der beste Schutz von der Seeseite, wenn auf der Landseite die Türken lauern – und so wird bisweilen auch auf solche Art Gefährdung verwiesen: «hat einen guten Hafen, zum Meer hin sicher, auf der Landseite stelle man aber Wachen auf». Lebensnotwendig die Angabe von Trinkwasserstellen an der Küste: «hat reichlich Flußwasser» (und das in allen Abstufungen: *copiose, uberrime, affluenter, in abundantia, sufficienter*) oder aber: «nur Regenwasser»; «aber kein Wasser». Und natürlich muß immer wieder vor Untiefen und Unterwasserriffen gewarnt werden: «guter Hafen, aber in der Hafeneinfahrt rund 2–3 Fuß unter Wasser eine Untiefe».

Für die Orientierung bei Küstenschiffahrt unentbehrlich die Nennung von weithin sichtbaren Landmarken: *La cognoscenza di Lango* [Kos] *è . . .*, *La cognoscenza di Rodi è . . .*, also «Kos erkennt man an . . .» – und dann folgen Berge von markanter Form oder von auffallender Farbe: «die Insel hat im Südosten eine weiße Erhebung und ähnelt von weitem einem Schiff», *someia da lonzi una nave.* Diese Küstenprofile nicht zu kennen konnte lebensgefährlich sein, gegenüber der Natur wie gegenüber dem Feind – wie auf venezianischer Galeere, desorientiert nach schlimmem Sturm, ein deutscher Pilger erlebte: . . . *und nummans up dem scheppe wiste, war wy weren, wer in Torkyen off in cristendom*; bis endlich ein Johanniter einen Berg wiedererkannte und entsetzt – *dyt ist ser wyt in Torkyenlandt* – zu sofortiger Kursänderung riet.[49]

Also pragmatische Texte trocken wie eine Gebrauchsanweisung. Und doch können Portolane ihre eigene Poesie haben, wenn sie die Namen schöner Kaps und vertrauter Inseln nennen, ungewollt landschaftliche Szenerien evozieren («drei Inselchen in der Hafeneinfahrt» bei Phokäa, zwei kleine Inseln *piene de aseni salvatici*, «voll von wilden Eseln» bei Chios), und bisweilen sogar küstennahe Ruinenstädte einbeziehen: «Troja war eine große Stadt, und es gibt noch einen großen Teil der Mauern»; *Efexo si è una gran citade desfacta.* Nicht anders als dann auf britischen Seekarten die vermessenden Kapitäne, etwa Captain Francis Beaufort (derselbe, nach dem die Windstärke-Skala benannt ist) 1817 an der lykischen Küste, in Küstennähe angetroffene Ruinenstätten eintragen.[50] Und so werden beiläufig sogar die Ruinen des alten Knidos erwähnt, noch heute von der See her zugänglicher als vom Land: *Porto Grio fu una gran citade . . .*, aber Vorsicht bei starkem Wind: «halte das Bugtau parat, um es an Land zu werfen, denn es ist wenig Raum». Gemeint ist einer der beiden noch gut erkennbaren und inzwischen erforschten antiken Häfen von Knidos.

Der ägäische Raum war jedenfalls wohlbekannt, ja italienisch durchdrungen. Aber von den Altertumsfreunden, den Humanisten, mußte er noch entdeckt werden. Es geht hier nicht um die Spuren lokalen Antiken-Interesses: auch für Athen hat es ja *Mirabilia* gegeben (wie man die phantasievollen Ausdeutungen der antiken Monumente nennt), und auch jener Pilger Niccolò da Martoni findet 1395 bei seinem unfreiwilligen Athen-Besuch einheimische Führer, die ihm die tollsten Dinge über die Altertümer erzählen.[51] Aber dieses lokale Antiken-Interesse bleibt isoliert, punkthaft, enthält keine Entwicklung wie in Italien. Und es geht hier auch nicht um das Interesse an griechischer Sprache und Literatur, sondern um die Zuwendung zum materiellen, anfaßbaren Nachlaß des antiken Griechenland, seinen Monumenten, Skulpturen, Inschriften. Das Interesse daran erwacht unter den italienischen Humanisten relativ spät – und wird auch nicht lange anhalten: «... despite Crusades and trade, Latin rule and missionary effort, the archaeological study of the Greek world during the Renaissance practically began and ended with Ciriaco d'Ancona».[52]

Das muß im Kontrast zu Italien auffallen, wo das Interesse an den antiken Überresten längst erwacht war. Die Erklärung wird darin zu suchen sein, daß es in Italien ein Nachleben der Antike gegeben hat, in Griechenland hingegen nicht: *Nachleben* in dem schönen weiten Sinn, der mehr bedeutet als bloß *Überleben*, nämlich Eigenleben, fortdauernde Wirkung, Hilfe zu neuen Entfaltungen (und durch diesen weittragenden Sinn ist «Nachleben der Antike» sogar in andere Wissenschaftssprachen eingegangen). In Italien war die Berufung auf die Antike sogar ein Instrument kultureller, ja politischer Legitimation.[53] Insofern war das Antiken-Interesse in Italien ein genuin historisches, und konnte, wenn auf Griechenland angewendet, nicht mehr als ein antiquarisches sein. Und Menschen mit *antiquarischem* Interesse mußten erst noch kommen.

Vor diesem Hintergrund muß man die erstaunlichen Reisen zweier Italiener sehen, die in der ersten Hälfte des 15. Jahrhunderts den griechischen Raum nicht nur berührten, durchquerten, sondern *aufsuchten*, Griechenland um Griechenlands willen mit der ausgesprochenen Absicht, nicht Mastixharz zu gewinnen oder eine Inselgruppe zu beherrschen, sondern diesen Raum und seine Altertümer kennenzulernen: Cristoforo Buondelmonti und Cyriacus von Ancona. Das war, unter den doch damals schon so vielfältigen Kategorien von Reisen, eine neue Motivation. Dabei hat Buondelmonti (der dann in den Schatten des größeren Cyriacus geriet) stärker als jener die Inseln und nicht das Festland im Blick gehabt.

Warum ein Florentiner Priester – nicht ein venezianischer Kaufmann oder ein genuesischer Reeders-Sohn – als erster diesen Raum systematisch aufnahm und viele Jahre lang durch die griechische Inselwelt zog, ist nicht leicht zu erklären.[54] Zwar hatte die namhafte Familie Buondelmonti mehrfache verwandtschaftliche Beziehungen hinüber nach Griechenland (zu den Florentiner Acciaioli, die als Herzöge von Athen in den Propyläen der Akropolis residierten, und zu den Tocco, Herren der jonischen Inseln Kephallonia und Leukas), nahmen die Kontakte des Papsttums zur Ostkirche damals sehr zu. Aber es mußte anderes hinzutreten, um Cristoforo zu einem solchen Unternehmen anzureizen. Im Florenz seiner Jugend konnte man durchaus schon mit der griechischen Geisteswelt in Berührung kommen: die Berufung von Manuel Chrysoloras 1397 auf einen neu geschaffenen Lehrstuhl des Griechischen wirkte als Initialzündung für die Begegnung der Florentiner Frührenaissance mit der griechischen Antike, und die humanistischen Kreise um Coluccio Salutati und Niccolò Niccoli, die diese Berufung bewirkt hatten, öffneten sich diesen Anregungen weit.[55] Niccoli regte nicht nur zur Jagd nach antiken Handschriften an, sondern hatte (während viele Humanisten die Antike nur durch das Medium von Schrift und Text aufzunehmen verstanden und – was im kunstfreudigen Florenz der Frührenaissance doch auffallen muß – den Zeugnissen antiker Kunst zunächst wenig Beachtung schenkten) auch Sinn für antike Kunst, für antike Realien, Funde, Vasen. Dem werden wir auch bei Buondelmonti begegnen, ohne daß wir freilich etwas von seinem Bildungsgang wüßten.

Aus solchen Elementen also müssen wir uns den mächtigen Impuls zusammengesetzt denken, der notwendig war, um einen Mann zu solch ungewöhnlichem Unternehmen anzutreiben. 1414 brach Buondelmonti nach Rhodos auf, um von dort aus mehrere Jahre lang kreuz und quer die griechische Inselwelt zu bereisen, gewiß in einzelnen Exkursionen und nicht, wie der *Liber* glauben machen könnte, in systematischer Abfolge. Das chronologische Gerüst dieser Reisen, die von 1414 jedenfalls bis 1423, vermutlich aber bis 1430 andauerten, ist nicht klar: datierbare Aufenthalte gibt es von Rhodos zwischen 1414 und 1423, von Kreta zwischen 1415 und 1418, von Imbros und Andros 1419, von Konstantinopel 1422.

Man wüßte gern mehr über die äußeren Umstände dieses ungewöhnlichen Reisenden, der in so existentieller Weise in die griechische Inselwelt eintauchte. In welchem Netzwerk lebte er in all diesen Jahren, und wie finanzierte er sich? Auf seinen Priesterstand kommt er nur einmal zu sprechen, als er in dem – über dem angeblichen «Grab des Jupiter» auf Kreta errichteten – Kirchenkomplex die Messe zelebriert. Ausgangspunkt seiner Reisen war jedenfalls Rhodos, das ihm, mit seinen Gärten (darunter das «von Florentinern angelegte ‹Paradies›»), «die schönste aller Mittelmeerinseln» schien, *amenissima omnium insularum maris mediterranei*.[56] Von hier schickte er 1420 die erste Fassung seines Berichts ab: *omnia in sex percensita annis*, «alles in sechs Jahren besichtigt», sagt die Widmung an den Kardinal Giordano Orsini in Rom.

Dieses Insel-Buch (*Liber insularum Archipelagi*) erlebte zuerst drei Fassungen,[57] sie alle dem hochgebildeten Kardinal Giordano Orsini[58] gewidmet; endlich, noch zu Lebzeiten des Verfassers, 1430 eine vierte, wiederum erweiterte, in Volgare überlieferte Fassung.[59] Dem Insel-Buch vorauf ging eine Beschreibung der Insel Kreta, die er 1417 Niccolò Niccoli zusandte, und die im folgenden gleichfalls einbezogen sei.[60] Diese *Descriptio insulae Cretae* oder *Candie* beschreibt die

Insel, die er gerade in den ersten Jahren (in Begleitung des Humanisten Rinuccio Aretino *meus affabilis socius*[61]) viel bereist hat, in Form einer Fahrt von der Ostspitze im Uhrzeigersinn um ganz Kreta herum, und dann ins Landesinnere vordringend.

Der *Liber insularum Archipelagi* enthält die Beschreibung von rund 80 Inseln bzw. Plätzen, von Korfu bis Rhodos, von Konstantinopel und dem Athos bis Kreta (wobei Festland und Konstantinopel hier beiseite gelassen seien). Bemerkenswert ist die Rezeption: das Werk wurde in seiner kurzen Fassung von 1422 breit aufgenommen und noch im 15. Jahrhundert nicht weniger als dreimal ins Italienische übersetzt – erstaunlich bei einem Unternehmen, auf das bis dahin niemand verfallen war, und eine gewisse Antwort auf unsere Frage, inwieweit die griechische Inselwelt nun auch unter nichtkommerziellen Aspekten in das Blickfeld Italiens trat. Glücklicherweise verfiel Buondelmonti, ob nun aus Vorsatz oder aus Unvermögen, nicht in die Unart vieler Humanisten, gesehene Landschaft und eigenes Erleben literarisch zu überformen und das krude Individuelle zu einem schönen Allgemeinen einzuebnen. Zunächst wird der Umfang der Insel festgestellt, der Name nach seinem griechischen oder lateinischen Etymon erklärt (manchmal in abenteuerlicher Volksetymologie); das Relief der Insel beschrieben; werden wie in einem Portolan konkrete Angaben über Ankergründe gemacht (bei Sturm sei Ios ein beliebter Zufluchtsort, Amorgos hingegen ein Schiffsfriedhof), Aussagen über Bewohnbarkeit, Fauna und Flora gemacht sowie angetroffene Altertümer und zugehörige Mythologie einbezogen, und solcher Beschreibung auch noch Kartenskizzen beigegeben, die von diesen Inseln meist die ersten kartographischen Darstellungen überhaupt sind (Abb. 21).

Der *Liber insularum Archipelagi* ist nicht Landeskunde vom Schreibtisch, sondern sichtlich selbst erfahrene Geographie, wenn nicht bei allen, so doch bei den meisten Inseln. Natürlich verarbeitet der Verfasser auch antike Autoren wie Plinius, Ovid, Statius, ja manchmal ist seine Darstellung mit Bildungswissen überfrachtet (auf Lesbos fallen ihm Alkaios, Sappho und Theophrast ein, Pompeius, einige Sagengestalten, der Hl. Paulus,[62] der Hl. Kalogeros). Aber gegebenenfalls argumentiert er, aus unmittelbarer Anschauung, auch gegen solche Autoritäten: daß Ovid Ariadne auf Chios statt auf Naxos von Theseus verlassen sein läßt, sei wenig wahrscheinlich, weil Chios nicht an der Route Kreta–Athen liege. Und vor allem: er erfragt viele aktuelle Informationen vor Ort aus dem Munde der Bewohner (denen er bisweilen aber auch historisches Wissen in den Mund legt, das sie schwerlich gehabt haben können). Er läßt seine Autopsie unbefangen immer wieder durchblicken (*vidi, repperi, inveni,* u. ä.), und

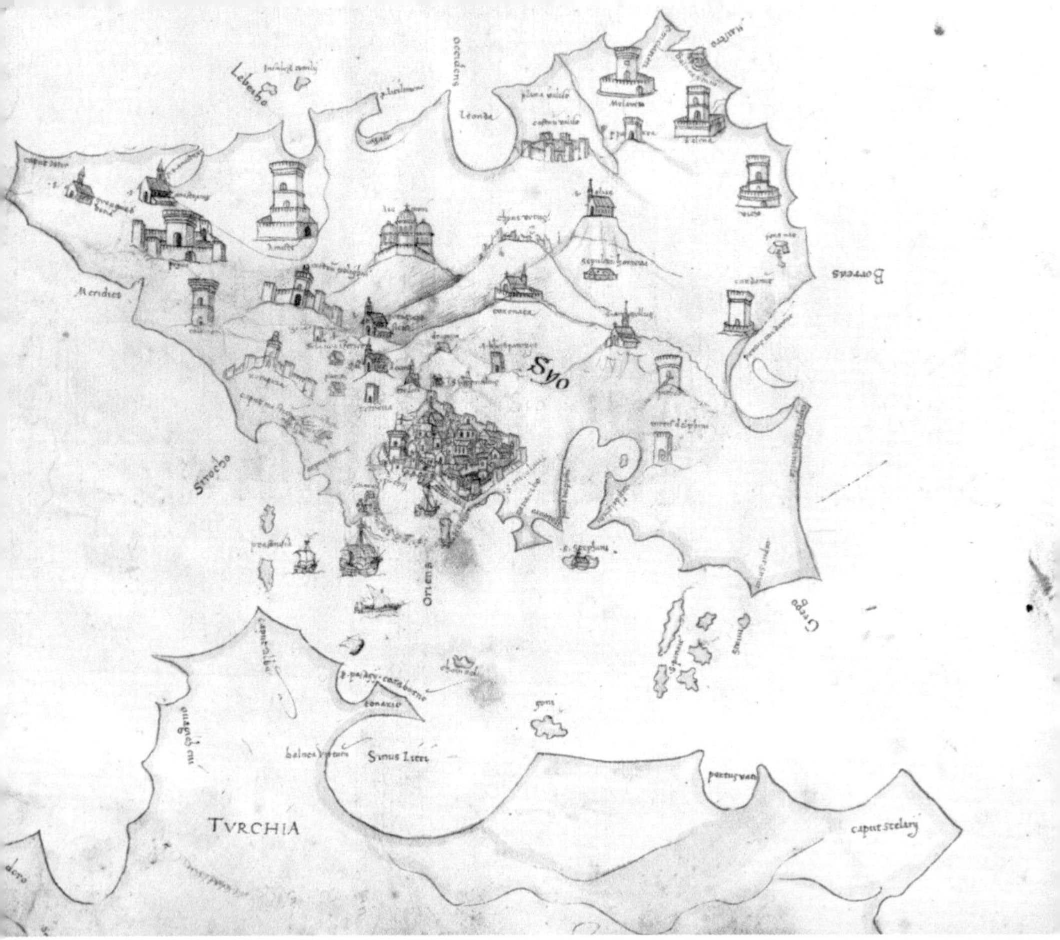

Abb. 21: Cristoforo Buondelmonti versah sein Inselbuch, das er nach jahrelangen Reisen durch die Ägäis 1420 vorläufig abschloß, mit zahlreichen Kartenskizzen, die für die einzelnen Inseln oft die erste kartographische Darstellung überhaupt sind. Zwei Karten gehen, wohl auf Wunsch des Auftraggebers der hier abgebildeten Handschrift vom Ende des 15. Jahrhunderts, über die meist recht schematischen Skizzen Buondelmontis weit hinaus: Konstantinopel und das hier abgebildete Chios. Als gut ausgebautes genuesisches Handelszentrum war Chios für alle damaligen Reisenden – auch für Buondelmonti selbst und für Cyriacus von Ancona – ein wichtiger Bezugspunkt. Die Karte zeigt Stadt und Hafen Chios (Syo) unter genuesischer Fahne, zahlreiche Klöster, Kirchen, Ortschaften der Insel (sogar weit mehr als Buondelmontis Text enthält: also aus eigener Ortskenntnis oder besser Kartenvorlage), unter den Befestigungen auch die küstennahen Wachttürme. Eingetragen ist auch das angebliche Grab Homers (sepulchrum homerii) *nordwestlich, und das nur im Süden erzeugte Hauptanbauprodukt, das Mastixharz der sog. Mastixdörfer* (mastica, *vgl.* caput masticis) *südlich der Stadt. – Universitäts- und Landesbibliothek Düsseldorf, Ms G 18 fol. 50r.*

tatsächlich wirkt sein Text von eigenem Erlebnis durchtränkt. Und das nicht nur bei so persönlich erzählten Episoden unmittelbarer Gefährdung: wie er bei Thera mit Entsetzen einen riesigen Polypen seine Fangarme nach ihrem genuesischen Schiff ausstrecken sieht; oder wie bei Furni (zwischen Samos und Patmos) sein Schiff, in schwarzer stürmischer Nacht den Landeplatz verfehlend, in die Klippen gerät und er, auf unbewohnter Insel eine Woche lang von Kräutern lebend, endlich verzweifelt sein eigenes Epitaph in den Felsen geritzt haben will, *in petra nomen sculpsi meum:* «Hier starb Cristoforo an schrecklichem Hunger.»[63]

Landschaft nimmt er mit allen Sinnen wahr: er sieht und beschreibt Nahblikke und Panoramen (von Kalymnos sehe man bis nach Chios, nach Ephesus und Milet; ähnlich auf Kreta), hört das Rauschen des Windes und den Gesang der Vögel, spürt den Duft des Thymians in den Bergen Kretas;[64] fühlt die Kühle des Quellwassers, schreibt vom Geschmack des Weins aus unterschiedlichen Anbaugebieten derselben Insel. Mit besonderer Aufmerksamkeit beschreibt er auf Kreta jeden Fluß, jeden Wasserlauf: Quelle, Wassermenge, Verlauf, fließend, stürzend, tönend, Mühlen treibend. Auffliegende Rebhühner; Kirchen zwischen Gärten mit früchteschweren Bäumen, das Echo der Meeresgrotte – solche Eindrücke sind nicht dekorativ über den Text verteilt, sondern jeweils an ihrer Stelle erzählt. Marmortrümmer bei einer Quelle und weidende Schafe und andere arkadische Szenerien, wie man sie hier nicht aus bukolischer Dichtung abschreiben mußte, sondern, wenn dafür empfänglich, in der Landschaft erleben konnte.

Oft verläßt er die Gesellschaft und geht, seinen Interessen und Empfindungen folgend, allein ins Gelände. Aber ebensooft wird doch auch Gesellschaft und Geselligkeit beschrieben: die Vorbereitung des Essens draußen, der gemeinsame Gesang unterwegs, die Rast an der Quelle unter dem dichten Laub von Platanen, freundliche Begegnung mit Einsiedlern und mit Bauern (die aber handgreiflich werden können, wenn sie meinen, der Fremde lasse es an Ehrerbietung gegenüber ihren Heiligen fehlen), Prozession und abendliches Volksfest mit Trommeln und Gesang, Tanz und Nächtigung im Freien; in Iraklio die Honoratioren unter den Arkaden der Piazza;[65] Gespräche über das problematische Verhältnis der Einheimischen zu den Venezianern und anderen «Franken» nach nun 200jähriger Herrschaft.[66]

Die Präsenz der Venezianer ist unübersehbar, ja Buondelmonti erlebt einen venezianischen Edelmann in seiner Villa tief in den Bergen:

«In einem lieblichen Tal betrat ich einen herrlichen Garten, da gibt es an einem Berg wunderschöne Häuser, in denen ein Edelmann Niccolò wohnt und allein, ohne Erben, sein Leben verbringt. Er hat Freude an lateinischen Autoren, und manchmal hat er einen Dante in der Hand. Aus dem Mund einer Marmorstatue kommt fließendes Wasser heraus. Zur Rechten und zur Linken haben die Väter den Kopf des Mark Anton und den des Pompeius aufgestellt. Dort sah ich schöne Marmorstücke, die von anderen Bauwerken hierher geholt worden waren»[67]

Daß Buondelmonti auf seinen Reisen den antiken Resten besondere Aufmerksamkeit widmen werde, war nach seiner geistigen Herkunft zu erwarten, ist in dieser Dichte aber doch ungewöhnlich: erst das macht ihn, wo er mirabilienhaftes Vorwissen abstreift und mit eigenen Augen hinschaut, recht eigentlich zum Vorläufer des Cyriacus von Ancona.

Beeindruckt durchwandert er ausgedehnte Ruinenstätten wie Gortyn auf Kreta, «groß wie unser Florenz», wo er 1400 stehende und umgestürzte Säulen zu zählen und «den Palast des Minos mit großen leeren Fenstern» zu sehen meint. An der Steilküste der Lefka Ori landen er und seine Schiffsgenossen im schwer zugänglichen Loutro und betreten die Ruinen der alten Hafenstadt Phoenix «mit ihren umgestürzten Säulen. Dazwischen fand ich, bei den Häusern der Bauern, Sarkophage aus weißestem Marmor, aus denen die Schweine ihre Gerste fraßen und ringsherum die schönsten Skulpturen beschädigten». Noch weiter westlich, im Ruinengelände bei Hagia Roumeli, sieht er bei einem eingestürzten großen Tempel «durcheinander Säulen und alle Arten von Marmor und Porphyr herumliegen, Statuen ohne Köpfe, und auf der vorderen Seite des Tempels fand ich den Kopf einer Venus oder einer Diana, über alle Maßen schön». Er sieht griechische Inschriften, stark beschädigt, aber zu erschließen (*per coniecturas*): ‹Säubere deine Füße, bedecke dein Haupt und tritt ein›. Er erinnert sich, daß der Hafen Phoenix in der Apostelgeschichte im Zusammenhang mit Paulus' Romreise genannt wird.[68]

Besonders anziehend ist es, ihn die Ruinen in ihrer natürlichen Umgebung beschreiben zu sehen, das Ensemble von Natur und Monument – versandete Häfen durch die nun der Pflug geht, völlig zugewucherte Ruinen –, so als empfinde er das Abenteuer der Entdeckung und den Zauber (oder doch die Melancholie) der Vergänglichkeit. Solcher Anblick stimmt ihn elegisch, aber er spricht davon ohne Emphase. Auf Kos bewegt ihn beim Gang durch das Trümmergelände auch die *amoenitas loci* und der Gesang der Vögel, auf Donousa (östlich von Naxos) beschreibt er verzaubert das nächtliche Rauschen der Winde in den die Ruinen bedeckenden Büschen, *suavissime voces ventorum.* Auf Kreta findet er die antike Hafenstadt Hierapetra «mit einer Unmenge von Gebäuden und Säulen. Wir fanden einen geräumigen Hafen, den ich wegen seines Alters und der Meeresströmungen von Süden ganz versandet sah: der ansehnliche Hafen ist nun ein fruchtbarer Acker für die Bauern. In dem großen Gelände zählte ich eine große Menge von Gebäuden und Tempeln und verzeichnete eifrig die verstreuten Statuenreste».[69]

Oder der Gang vom Ankerplatz des Schiffes allein durch das Felsgeröll zur nächsten Tempelruine, bei der ein Hirt seine Herde weidet, weil die Ruine Schatten gebe. Oder die Bauern, die mit ihren Ziegen zwischen den Ruinen von Sphakia leben. Manche Reste sind völlig unter der Vegetation verschwunden: «die Büsche waren dermaßen darübergewuchert, daß antike Umrisse kaum zu sehen waren», *quod vix ab aliquo antiqua lineamenta videntur.* Fußbodenmosaiken hervortretend unter Schutt, Gebäude versunken in Weinbergen. Er durchstreift bei Souda ein Ruinengelände in einem Kornfeld (*per segetes*) und gerät dabei in dichtem Getrüpp unversehens in eine große Zisterne, aus der er sich nur unter Mühen wieder herausarbeitet, um sie dann noch – wie auch andere antike Reste – zu vermessen.[70]

Nicht nur antike Bauwerke, bemerkenswert häufig werden auch antike Statuen genannt, teils angetroffen und beschrieben, teils nur als lokaler Kult erinnert: ein Apollon auf Seriphos, eine Statue auf Andros, nach ihren Attributen ein Merkur; auf Samos eine (wohl nicht vor Ort gesehene) Juno zur Identifizierung des Hera-Tempels; auf Siphnos eine zerbrochene Pan-Statue, die er vom Apostel Paulus zertrümmert glaubt, usw. Bei ihnen allen werden Gestalt und Attribute mit viel Kenntnis antiker Mythologie und Religion allegorisch ausgelegt.[71] Etwa die Bacchus-Statue auf Naxos: dargestellt als Knabe weil trunken wie ein Knabe ohne Verstand; mit weiblichem Gesicht weil in Trunkenen der Wein das Verlangen nach Frauen weckt; auf Tigern reitend weil rasend; seine nackte Brust steht für Wahrheit, der behörnte Kopf für Autorität, usw. Daß die drei Grazien, die er – korrekt in der Angabe ihrer unterschiedlichen Blickrichtung – auf Kythera beschreibt,[72] angeblich die drei Sünden *avaritia, carnalitas, infidelitas* bedeuten, gehört zu den traditionellen mentalen Relikten in seinem Umgang mit der sonst unbefangen bewunderten antiken Skulptur.

Seine «Archäologie» ist natürlich noch ganz literarisch-philologisch, nicht kunsthistorisch. Aber während andere überhaupt nur sehen, was sie vorher gelesen haben, sieht er auch mit eigenen Augen, ist seine Begegnung mit dem

 Objekt doch unmittelbar. Er fragt sich bisweilen kritisch (und schon das ist viel: ein mittelalterlicher Beobachter fragt sich in der Regel nicht, weiß meistens alles, denn *interpretatio christiana* läßt keine Frage offen), und wagt auf Chios nicht zu entscheiden, ob ein verfallenes Grab tatsächlich das Grab Homers sei – einem mittelalterlichen Pilger-Cicerone wären solche Zweifel gewiß nicht gekommen. Zweifel kommen ihm auch beim Betreten des Felsgeländes, das auf Kreta allen Pilgerreisenden als das *Labyrinth* ausgegeben wird, und wo er entsprechend viele Besucher-Graffiti an den Wänden findet.[73] Nach ausführlicher, kritischer Beschreibung kommt er zu dem Schluß (und hier wird wieder einmal Niccolò Niccoli direkt angesprochen: *tu qui cuncta scis, Nicolae*), daß dies das richtige Labyrinth nicht sein könne.

Auf Rhodos notiert er einen Depotfund, kürzlich seien «in einem Weinberg 500 Statuen verschiedenster Art in einer Grube gefunden worden».[74] Auf Delos war er dabei, als einige Galeeren-Besatzungen anscheinend versuchten, mit ihren Schiffswinden die Kolossalstatue eines Apollon wiederaufzurichten:[75]

> «Auf Delos sahen wir bei dem früheren alten Tempel mit seinen Säulen in der Ebene eine Götzenstatue liegen von solch gewaltiger Größe, daß wir, die wir Tausend waren, sie doch in keiner Weise mit Hilfe von Tauen oder Vorrichtungen der Galeeren aufrichten konnten, sondern an ihrem alten Platz liegen ließen. Ringsherum sahen wir außerdem mehr als tausend meisterhaft gearbeitete Statuen umgestürzt liegen. [Auf der Nachbarinsel Mykonos] waren unzählige Häuser gebaut, deren Türen und Fenster auf den Tempel ausgerichtet waren. In ihrer Mitte erhebt sich ein Turm, den nach Aufgeben von Tempel und Götzenkult Bauern bewohnen.»

Auch sonst enthalten seine Beobachtungen historisches Raisonnement: Hinweise auf historischen Wandel wahrnehmbar in geschrumpfter Siedlung, Umnutzung, Anpassung. So berichtet er aus Kreta von einer Gruppe von «Römern, die zur Zeit Konstantins hierher zum Siedeln kamen, sich lange von Geschlecht zu Geschlecht erneuerten, Wappen und Namen der alten Verwandtschaft bis heute bewahrten, aber zum griechischen Ritus übergingen».[76] Er schließt aus dem Namen einer Insel auf frühere Bewohntheit (*constat igitur a nomine eam habitatam fuisse*), nimmt die imposanten Ruinen von Kalymnos als Indiz für früheren Reichtum; er weiß auch, daß die Bronze-Rosse an S. Marco in Venedig aus Konstantinopel sind und versucht, hier ihren ursprünglichen Standort zu lokalisieren.[77] Seine Leidenschaft für alles Antike läßt ihn auch Inschriften notieren, jedoch weit weniger als Cyriacus.[78]

Im übrigen hielt er, bei einem Florentiner seiner Generation naheliegend, auf seinen Insel-Reisen auch nach klassischen Handschriften Ausschau und erwarb deren einige, wahrscheinlich von Klöstern, auf Kreta, Imbros, Andros (wie seine datierten Besitzvermerke in Codices der Laurenziana und der Vaticana zeigen), vermutlich für Niccolò Niccoli.[79]

Wie bei damaligen Reise-Autoren üblich, die ohne die ausgebildete Begrifflichkeit der modernen Kunstgeschichte, Geographie, Ethnologie zur Verständigung mit dem Leser auf den Vergleich mit Vertrautem zurückgreifen mußten,[80] benutzt dieser Florentiner für den Florentiner Freund Florentiner Maßstäbe, deren Kenntnis er voraussetzen darf (wie jener Notar aus der Campania campanische Vergleiche zog): eine Kirche «so groß wie unsere S. Trinità, aber älter»; zwei in den Fels geschlagene Zisternen, «von denen die eine wie meine Kirche in Florenz ist» (die wir nicht kennen, aber Niccoli wußte Bescheid), die andere wie S. Stefano am Ponte Vecchio.

Vergessen wir bei seinen archäologischen Exkursionen ins Gelände nicht die Leistung, die in all dem liegt: sich auf kleiner, fast unzugänglicher Insel durch Dornengebüsch zu unidentifizierten, durch keinen großen Namen geheiligten Ruinen durchzuschlagen ist – noch heute – nicht jedermanns Sache. Und man bedenke, wie er dabei allein auf sich selbst gestellt war: ohne Pauly-Wissowas Realencyclopädie, ohne Kieperts Atlas, ohne CIL oder Inscriptiones Graecae, ja sogar ohne Pausanias' «Beschreibung Griechenlands».[81] Bei Null zu beginnen, ist immer eine Leistung.

Die Frage, ob Buondelmonti bei Besichtigung dieser Altertümer spezifische Züge wahrgenommen habe – also griechische, nichtrömische, vorrömische –, läßt sich nicht beantworten. Ob er tatsächlich zwischen griechischen und römischen Monumenten unterscheiden konnte (oder auch nur wollte), wie Roberto Weiss für möglich hält, weil er bisweilen von «römischen» Ruinen spricht,[82] halte ich für unwahrscheinlich; «römisch» heißt einfach «antik».

Der *Liber insularum Archipelagi* spricht nicht nur von antiken Ruinen, sondern ist voll von lebensvoller Gegenwart mit ihren wirtschaftlichen Realitäten (Handel interessierte schließlich auch die besseren Florentiner Leser): Mastixanbau auf Chios, Schwefelabbau auf Nisyros, Aloeholz-Export aus Kalymnos und aus Leros; auf Kreta Export von Zypressenholz, Wein, Pech, und Verkauf von großen Mengen Honig jeweils an die Galeeren des venezianischen Alexandrien-Konvois dort im Hafen von Sitia;[83] ist voll von naturkundlichen Beobachtungen (von nistenden Vögeln bevorzugte Inseln, Zusammensetzung des Waldes); bringt Beobachtungen aus den kleinen *kastra* der Inseln,[84] enthält Bemerkungen demographischen und anthropologischen Charakters (Arbeitsrollen der Frau, steinzeitlich lebende Hirten in entlegenen Tälern auf Kreta).[85]

Und über allem – wie könnte es damals anders sein – die dumpfe Atmosphäre dauernder unmittelbarer Bedrohung auch auf entlegenster Insel. Viele Inseln sind wegen der Türkengefahr nun ganz verlassen, die zurückgebliebenen Haustiere inzwischen verwildert, *domestica quam plura indomita sunt effecta*; verängstigte Inselbewohner, die sich vor jedem gesichteten Schiff in die Berge flüchten, sich jede Nacht droben in ihren Höhensiedlungen verbarrikadieren:

> «Abends nach Sonnenuntergang steigen sie mühsam hinauf in die schwerbefestigte Burg. Wenn es dann Morgen wird, schicken sie vor Sonnenaufgang alte Frauen aus, um die Lage auf der Insel zu erkunden: wenn die ein entsprechendes Zeichen geben, werden die Tore ganz geöffnet. So leben sie in Schrecken. Zu meiner Zeit wurde im Hafen ein Piratenschiff ausgebessert: es wurde durch Gottes Willen vom Meer verschluckt und ward nicht mehr gesehen».[86]

Sogar die größte Kykladeninsel, Naxos, wirkt trostlos: in der Antike «war dort alles angebaut, jetzt schreit hier der Uhu, bevölkern wilde Tiere Feld und Tal». Daß hier, und auf Siphnos, viele Frauen als Jungfrauen sterben, liege nicht an ihrer Standhaftigkeit, sondern ganz einfach am Männer-Mangel. Oder jüngste Erzählungen von auf unbewohnter Insel verhungerter türkischer Schiffsbesatzung, oder über den Tod eines von Türken in seiner Höhle ausgeräucherten Eremiten.[87] Doch werden sich die griechischen Inseln (mit Ausnahme der bald eroberten nördlichen Inseln Thasos, Lesbos, Lemnos) bis ins 16. Jahrhundert gegen Tributzahlung unbesetzt halten, während das griechische Festland schon unter Mehmed II. türkisch wird.

Obwohl zu seiner Zeit erstaunlich breit aufgenommen, trat Buondelmonti mit seiner Beschreibung der griechischen Inselwelt doch bald in den Schatten eines anderen, der der Frührenaissance den griechischen Raum erst wirklich erschloß, und dessen Name für diese Erschließung steht: Cyriacus von Ancona (1391–1452). Seine komplexe Gestalt, von der Forschung seit langem aufs intensivste untersucht, kann hier nicht angemessen gewürdigt werden.[88]

Was sein Verhältnis zur Antike von der Auffassung anderer unterscheidet und seinen Ansatz so neu macht, war seine Überzeugung, daß die Monumente eine nicht geringere historische Aussagekraft hätten als die Texte (wir würden heute sagen: daß sie den Wert einer Quelle haben); daß die materielle Hinterlassenschaft der Antike eine nicht geringere Dignität habe als die literarische;

ja daß solche Überreste (so läßt es ihn sein Freund und Biograph Francesco Scalamonti sagen[89]) «weit mehr Auskunft und Sicherheit bieten als Texte», *maiorem longe quam ipsi libri fidem et notitiam* – eine Auffassung, die von den meisten Humanisten seiner Zeit, fixiert auf die literarische Überlieferung, nicht geteilt wurde.

Die Reisen, die er schon als junger Kaufmann von seiner – dem Levantehandel zugewandten – Vaterstadt Ancona aus unternahm, waren früh sowohl von kommerziellen Zwecken wie von antiquarischem Interesse bestimmt: ein anziehendes Mischungsverhältnis, das sich zunehmend zum Antiquarischen hin verschob. Seine Küstenfahrten und Landwanderungen, von denen er – seine eigentliche Neigung und sein eigentliches Verdienst – Hunderte von Abschriften griechischer (und lateinischer) Inschriften mitbrachte, galten vor allem dem griechischen Festland, von Epirus bis zur Peloponnes. Erst in späteren Jahren, zwischen 1444 und 1447, bereiste er in zusammenhängenden Aufenthalten auch die Ägäis[90]. Und nur in diese Inselwelt wollen wir ihm noch folgen.

Über diese Reisen sind wir durch seine Reisetagebücher und seine Briefe gut unterrichtet. Vom einst umfangreichen Bestand der Tagebücher ist von seiner Hand fast nichts (20 Blatt Peloponnes 1448–1449), aber einiges in Kopie erhalten; die Originale dieser *Commentarii* gingen vermutlich beim Brand der Sforza-Bibliothek in Pesarò 1514 verloren.[91] Sie enthalten den Reiseverlauf, Begebenheiten und Begegnungen unterwegs, die Transkriptionen der Inschriften, Zeichnungen vor Ort. Das wird aufs lebhafteste ergänzt durch die zahlreichen Briefe, mehrheitlich gerichtet an einen Humanisten-Freund, den Genuesen Andreolo Giustiniani-Banca auf Chios, Gesellschafter jener *Maona* zur Mastixgewinnung und Alaunförderung. In seiner emphatischen Sprache und seinem gesuchten Latein ist dem Autor nicht immer leicht zu folgen, vor allem in den Briefen läßt er seinem Enthusiasmus, seinen Eingebungen, seinem Synkretismus aus heidnischen und christlichen Gebeten freien Lauf: «mit Gottes Hilfe und Merkurs Gunst», Weihnachten als «Fleischwerdung Jupiters», «mit Hilfe Jupiters und der Hl. Jungfrau Maria».[92] Immer wieder ruft er Merkur als Genius seiner Reisen an, hört Musen und Nereiden auf dem Meer einander ansingen, die Nymphen von Lesbos und die von Chios sich um seine Anwesenheit streiten,[93] und ähnliche Überspanntheiten.

Und doch kommt ein wunderbar konkretes Bild der Reise dabei heraus (die Konzentration regelmäßigen Abschreibens antiker Inschriften vor Ort hat eben ihre disziplinierende Wirkung, und so auch der klare Blick des ausgebildeten Kaufmanns), mit angegebenen Daten, benannten Personen, Reiseetappen Schiff um Schiff, harten Märschen in unwegsamem Gelände. Wir sehen ihn, nachdem er zuvor schon Ruinenstätten des Marmarameers besucht hatte (hier die ausführliche Beschreibung des Tempels von Kyzikos,[94] «beim vorigen Mal waren es noch 2 Säulen mehr»), am 20. September 1444 Konstantinopel verlassen (die politische Lage hatte sich seit Buondelmonti noch verdüstert, die vernichtende Niederlage des christlichen Heeres eben jetzt, 1444 bei Varna, machte jede Hoffnung auf anhaltende Entlastung zunichte)[95] und durch die Dardanellen in Sichtweite von Tenedos und Troja in die Ägäis einlaufen. Dann Besuch der Inseln Imbros (hier hatte 25 Jahre zuvor Buondelmonti eine griechische Handschrift erworben, Cyriacus gelingt das nun im Athos-Kloster Iviron), Samothrake, Thasos und der thrakischen Südküste mit dem Athos.[96] Die Schiffe, die er dabei, hier und im weiteren Verlauf seiner Ägäis-Reise, benutzt, sind von jedem Typ und jeder Größe: von der kleinen *cymba* und *piscatoria scapha,* der *Chiensis scapha,* dem kleinen Schiff aus Chios mit kretischem Kapitän (die Schiffsführer werden immer mit Namen genannt), bis zur *cetea oneraria navis,* dem «walfischgroßen» Frachter,[97] wohl einem der großen – venezianischen Galeeren so unähnlichen (Abb. 22) – genuesischen Rundschiffe. Die ansehnlicheren Schiffe, auf denen er hier fuhr, dürften fast immer venezianische oder genuesische gewesen sein.

Seine eigentliche Kykladen-Reise beginnt Anfang April 1445. Die Überlieferungslage ist etwas kompliziert,[98] doch die verfügbare Information dicht genug: am 3. April trifft er, von Chios kommend, auf Mykonos ein und bleibt bis zum 11. Die Antiken-Ausbeute auf dem benachbarten Delos ist überwältigend, er transkribiert und zeichnet (Abb. 23), wie er nur kann. Daß er viele – nicht alle – Bauten über ihre Inschriften richtig bestimmt, ist eine bemerkenswerte Leistung und wird die Epigraphik zu einer Grundwissenschaft der Archäologie machen. Eine Trajans-Inschrift erinnert ihn an den Trajansbogen daheim in Ancona[99] (Abb. 20), dessen Inschrift vielleicht die erste antike war, die ihm als kleinem Jungen gezeigt wurde. Natürlich kennt er auch die antiken Autoren, hat einige von ihnen und auch Buondelmontis Inselbuch[100] gewiß in seinem Reisegepäck, und zitiert daraus, aus Plinius, Vergil, Ovid, Pomponius Mela usw., die zur gerade besuchten Insel einschlägigen Stellen: seine eingangs angeführte Gegenüberstellung von monumentalen und literarischen Quellen wollte die letzteren keineswegs ausschließen. Denn das – die Kombination von Autopsie, Epigraphik, Kenntnis antiker Autoren – ist ja der Ansatz dieser neuen Archäologie, auch in Rom, wo Flavio Biondo in genau diesen Jahren von Cyriacus' Inselreisen seine innovative *Roma instaurata* herausbringt.[101]

Abb. 22: Zwei Schiffstypen, wie sie damals im Levante-Handel eingesetzt wurden. Vorn die langgestreckte Galeere, die sowohl gerudert wie gesegelt werden konnte (das riesige dreieckige [sog. Lateiner-]Segel wird gerade geborgen) und von den Venezianern vor allem für den raschen Transport teurer Ware von geringem Volumen (z. B. Gewürze) sowie als Kriegsschiff verwendet wurde. Dahinter ein Rundschiff, ausschließlich gesegelt (das viereckige Rahsegel liegt hier beim Abtakeln über dem Deck), wie es die Genuesen vor allem für den Transport von voluminöser Massenfracht (z. B. Alaun aus Phokäa) einsetzten. In der Ägäis begegnete man beiden Schiffstypen. Carpaccio, Leben der Hl. Ursula, Rückkehr der Gesandten (1495, Ausschnitt). Venedig, Galleria dell'Accademia.

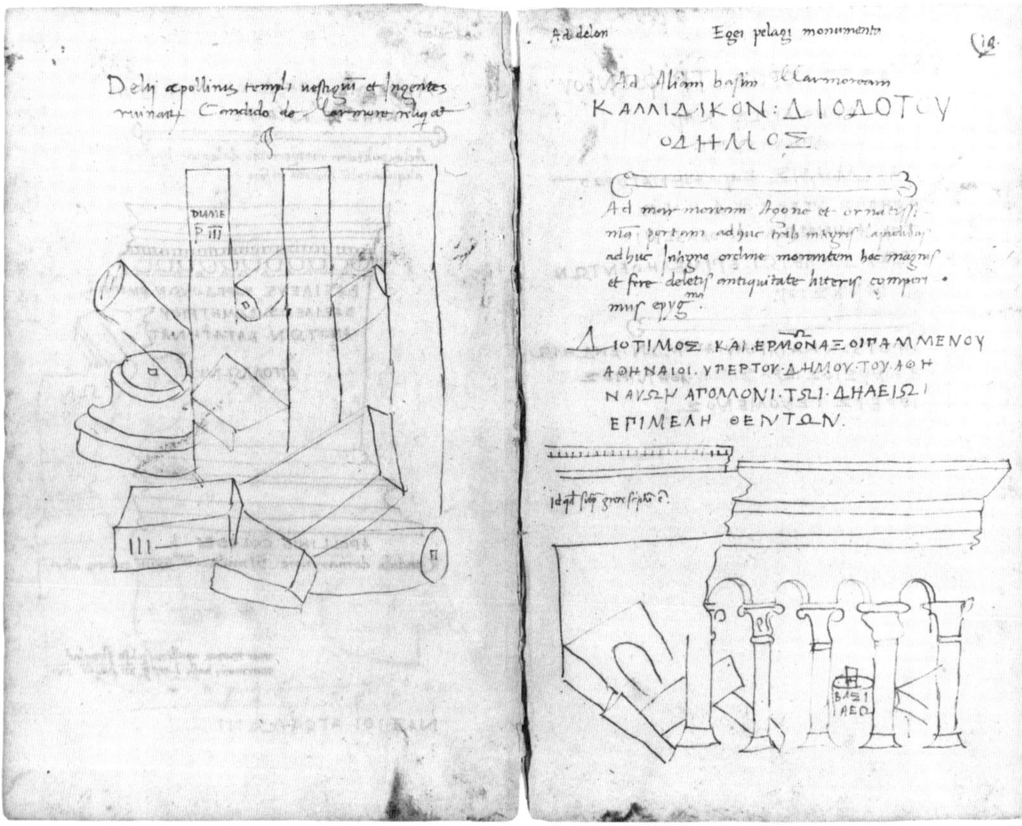

Abb. 23: Aus dem Reisetagebuch des Cyriacus von Ancona: Besuch auf Delos, April 1445 (Biblioteca Apostolica Vaticana, Codex Vaticanus latinus 5252 fol. 18 v – 19 r, Abschrift von 1464). Unter der Überschrift «Stelle des Tempels des Apollo von Delos und gewaltige Ruinen-Reste aus weißem Marmor» links eine Zeichnung mit Säulen (Aufschrift «Durchmesser 3 Fuß»), Basen und Quadern; rechts 2 griechische Inschriften, jeweils mit Lokalisierung: «Auf einer anderen Marmorbasis», «Auf dem verzierten Marmorportal des Gymnasiums . . .», wobei auf der Zeichnung darunter die Stelle der zweiten Inschrift bezeichnet ist: [«Hier steht] das was oben auf Griechisch geschrieben ist». Beide Inschriften (die obere dort noch heute) sind mit Hinweis auf diese Transkriptionen in Cyriacus' Reisetagebuch, in den Sammlungen der Inschriften von Delos (Berlin 1914; Paris 1937) veröffentlicht.

Auf Delos sieht und zeichnet Cyriacus auch die Kolossalstatue des archaischen Apollon der Naxier, an der sich bereits Buondelmontis Schiffsbesatzung zu schaffen gemacht hatte.[102] In den folgenden Tagen ist er auf Naxos (wohl 12.–18. April) und Paros (19.–23. April). Paros beeindruckt ihn, wie Delos, durch die Menge antiker Reste, wobei ihm die massive Wiederverwendung antiker Baustücke in nachantiker Zeit nicht entgeht: in der Tat ist das venezianische Kastro hier geradezu eine Spolien-Orgie,[103] ja hier sieht er «im Hafen von Paros ein Schiff beladen mit vielen vollendeten Friesen aus parischem Marmor, um die angesehene Kolonie Chios damit zu zieren»[104] – also Spolien-Export zu Schiff, in dem die Venezianer einige Übung hatten. Er notiert Inschriften, auch solche die halb im Boden stecken, oder von Archäologen hoch und kaum sichtbar vermauert wiedergefunden wurden,[105] und dringt im Fackelschein in die Stollen der berühmten Marmorbrüche ein.

Der venezianische Inselherr Crusino Sommaripa, «Herzog des Archipelagos» (Titel die in ihrer seltsamen Verbindung von mittelalterlich und klassisch wie Faust II klingen, Faust und Helena: er kommt in *ihr* Land, sie kommt in *seine* Zeit), begleitet ihn auf seinen Erkundungsgängen, ja Cyriacus sieht bei seiner Rückkehr «marmorne Leiber die jüngst auf Veranlassung des hochinteressierten Fürsten ausgegraben wurden».[106] Für den Palast dieses Insel-Signore übersetzt und erweitert er, unter Einfügung von dessen Namen und seines eigenen, eine dort angetroffene griechische Augustus-Inschrift.

Mit all diesen venezianischen oder genuesischen Inselherren ist oder wird er nun bekannt. Wie überhaupt sein gesellschaftlicher Umgang auf diesen Reisen, und der Adressatenkreis seiner Briefe, von ganz anderem Rang ist als der eines Cristoforo Buondelmonti: Festungs- und Flottenkommandanten, Kaufleute und Unternehmer (denn er kannte die Levante und ihr – von Italienern gebildetes – Netzwerk beruflich schon von früheren, kaufmännischen Reisen), Gouverneure, Bischöfe, ja Kardinäle, der byzantinische Kaiser, der Sultan.[107]

Die Reise durch die griechische Inselwelt führte ihn auch nach Kreta, das er von Anfang Juli bis Anfang November 1445 durchstreifte. Im Dezember findet man ihn wieder auf Paros, im Januar 1446 auf Chios.[108] Wohl im Februar 1446 besuchte er das antike Milet an der türkischen Festlandsküste. Vom Schiff ging er durch die weite Küstenebene in die – inzwischen völlig verlandete – alte Hafenstadt, um die (auch heute noch) eindrucksvolle Baumasse des Theaters wiederzusehen, die der verlassenen Stadt ihren jetzigen Namen Balat/*Palatium* gegeben habe:

«Die Länge dieses großen Theaters ist 200 Ellen an der Frontseite, die Höhe vom Grund bis zum höchsten Punkt ist 60 Ellen. Ein deutlich sichtbarer Streifen teilt es[109] in der Mitte. Auf jeder Seite gibt es zwei weite, schön geschmückte Tore mit passend verzierten Wänden. In einer Ecke sahen wir in griechischem Buchstaben späterer Hand eine Inschrift in folgenden Lettern eingemeißelt [erst griechische Buchstaben, dann:] auf lateinisch heißt das: ‹Du, Heiliger, schütze die Stadt Milet und alle ihre Einwohner›. Außerdem sahen wir, daß es im Gelände der alten Stadt noch viele Reste ihrer einstigen Größe gibt, von der Stadtmauer aber nur ein kleines Stück. Wir sahen auch viele Fragmente marmorner Säulen und Statuen und Skulpturen von Löwen[110] und verschiedenen Raubtieren. Dies und weitere Monumente der Alten besichtigten wir in Begleitung der jungen Genuesen Niccolò Mulazana und Jacopo Carmeno, die damals gerade mit den jetzigen Bewohnern Handel trieben.»[111]

Mit Cyriacus' Besuch läßt die heutige Archäologie die Erforschung Milets beginnen,[112] und das gleiche darf man von seinem Besuch im nahen Didyma sagen. Wir wollen ihm nicht weiter auf seinem Rückweg nach Norden folgen, sondern nach spezifischen Zügen seiner Antiken-Wahrnehmung fragen.

Was an seiner Antiken-Wahrnehmung auffällt, ist zunächst das breite Spektrum: er beachtet nicht nur Tempelfassaden, Statuen, Reliefs, Inschriften, er beachtet auch bloße dekorationslose Stadtmauern, läuft sie im Gelände ab, begutachtet Qualität und Alter ihrer Mauerwerksstruktur (*pulcherrimae architecturae; diversa architectorum compositione; conspicua arte composita,* usw.), zeichnet ihren unterschiedlichen Steinschnitt (Abb. 24).[113]

Findet er in nachantiker Mauer Inschriften vermauert, so wird die Herkunft entsprechend lokalisiert, der Spolien-Charakter angemerkt: Inschrift gefunden in der Stadtmauer bzw. an der Kirche von Perinthos, der Kirche von Mykonos, von Naxos usw.[114] (wie bei damaligen Inschriften-Syllogen auch sonst). Wo antike Stücke in absichtsvoller Zweitverwendung an öffentliche Gebäude versetzt wurden (wie in Naxos zur Aufwertung des Herrschersitzes, *ibidem aliunde ornamento adducta*), wird das erst recht hervorgehoben: die dekorative Vermauerung schöner Stücke (und das konnten nur antike sein) an repräsentativer Stelle, etwa zur Rahmung großer Wappen (Abb. 25), war im Archipelagos verbreitet. Ein anderer Inselherr hatte an seinem Hafen eine antike Statue auf ihrem Inschriftsockel wiedererrichten lassen.[115] Auf Paros sieht er sogar Spolien-Export zu Schiff. Andere Wiederverwendung ist rein materiell, sozusagen bloßes Recycling, wie die zu einer Hafenmole zusammengeworfenen (*pro aggere ad portum coniecta*) Marmorsarkophage in Maroneia.[116]

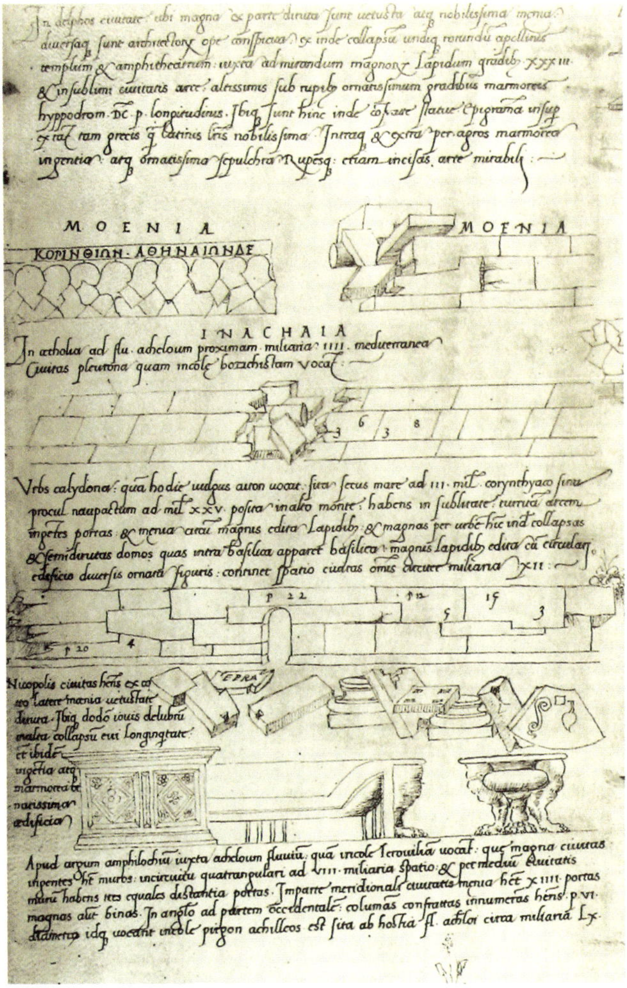

Abb. 24: Für Cyriacus von Ancona und sein Antiken-Interesse ist kennzeichnend, daß er nicht nur Tempelruinen, Statuen, Inschriften aufsucht und notiert, sondern auch bloße dekorationslose Mauerwerksstruktur: Wände, Böschungsmauern, Stadtmauern, deren Verlauf er im Gelände verfolgt. Den unterschiedlichen Steinschnitt (polygonal, isodom, trapezförmig usw.) zeichnet er bisweilen in sein Reisetagebuch. Hier, in der Kopie des Giuliano da Sangallo nach Cyriacus' Tagebüchern, der Steinschnitt von Mauern in Korinth, Athen, und in Ätolien – von seiner Reise Anfang 1436 – von Pleuron nach Kalydon («droben eine Burg mit Türmen, riesigen Toren, die Mauern ringsum aus großen Steinen ...»). Biblioteca Apostolica Vaticana, Codex Barberinianus latinus 4424 fol. 28v, Ausschnitt.

Abb. 25: Neben der Wiederverwendung antiken Steinmaterials, das in ganzen Schiffsladungen aus den Ruinenstätten hinweggeführt wurde, gab es auch – Cyriacus von Ancona beobachtete auf den Inseln beides – Spolienverwendung in dekorativer Absicht. Am Johanniterkastell von Kos sind die monumentalen Wappen etwa der Ordensgroßmeister durch Vermauerung von Stücken antiker Architekturornamentik besonders ausgezeichnet: Teile von Triglyphen (auch verkehrtherum), zersägte Rankenleisten, Stücke eines Frieses mit Theatermasken und Früchtegirlanden heben den Wappenschild zusätzlich hervor. Am Johanniterkastell von Bodrum, das ein ganzes antikes Weltwunder, das Mausoleum von Halikarnass, als bloßes Baumaterial in sich aufnahm, ist ein Wappen auf ein wiederverwendetes Kapitell gemeißelt.

Am anderen Ende des Spektrums die Kleinfunde, die er sammelt und verschenkt, z.B. Münzen mit beziehungsvollen Begleitbriefen, aber auch einmal «1 Marmorkopf, 1 Bein und 2 Zypressenschachteln».[117]

Und er sieht genau hin, obwohl doch vieles unter Vegetation geraten ist: er nimmt sogar die Namen auf den reservierten Theater-Sitzstufen wahr und beobachtet an einer Tempelruine auf Chios, daß die Blöcke mit Metallklammern verbunden waren, die Dübellöcher noch Rost zeigen, und schließt daraus auf ein hohes Alter des Tempels[118]; wie er auch bei Inschriften nicht nur auf ihren Inhalt, sondern auch auf Charakter und Alter der gemeißelten Buchstaben achtet.

Wie er Antike in der Landschaft aufsucht, ist förmlich zu sehen: er dringt in Weinberge ein (eine Statue *inter vineas*, eine Inschrift *inter vineas*), findet oben auf dem Hügel die in den Fels geschlagene Kultnische mit dem Bildnis des Faun,[119] folgt antiken Stadtmauern, die sich, von der Höhe bis hinab zum Meer, weit durchs Gelände ziehen. Oder auf Chios die Wanderung Mitte Mai, mit genuesischen Freunden, vom Handelshafen zum angeblichen Grab Homers (schon Buondelmonti hatte da ja seine Zweifel gehabt):

> «Einige alte Leute, die dort wohnten, sagten uns, es sei in einem Tal bei einer schönen Quelle mit alter Mauer in einem am Hang liegenden Garten, wo in der Nähe später eine Johannes-Kapelle errichtet worden sei. Als ich endlich an den Wurzeln eines uralten Feigenbaums, wo – nach der Tradition des Dorfes unter den alten Bauern – die Stelle des Grabes sein soll, ein wenig graben ließ, kam außer Erde und Steinen nichts Nennenswertes zum Vorschein. Aber es hatte mir doch größte Freude gemacht, die Stelle zu sehen ...»[120]

Da klingt bereits die Stimmung von Antiken-Exkursionen an, wie wir sie bald euphorisch beschrieben finden werden.[121]

Noch einmal ein kurzer Blick auf die Schiffe voll antiker Baustücke, wie Cyriacus eines im Hafen von Paros gesehen hatte. Tatsächlich wissen wir auch aus anderen Quellen (und dem Baubefund), daß vor allem Venedig, als nachantike Gründung mit antiken Stücken selbst nicht gesegnet, große Mengen antiken Materials aus seinen See-Dominien heranschaffte, wo solche – sozusagen vorgefertigten – Baustücke nur so herumlagen. Die venezianische Chronistik (die einen offiziöseren Charakter hat als die Chronistik anderer Städte) spricht immer wieder von den für die Kirche S. Marco besorgten «Steinen aufgelesen an verschiedenen Plätzen der Levante», *piere ... tolte per diversi luoghi de Levanto*; von der Suche überall nach «Marmorstücken und Säulen, um sie schöner zu machen», *marmori et colonne per farla più degna*; von dem Verlangen, «sie mit den großartigsten Säulen zu schmücken, die man auf der ganzen Welt finden könne», *ad ornarla delle più magnifiche colonne che potessero trovare et mandarono a cerchare per tutto il mondo*; ja wir wissen von einer Anweisung des Dogen von 1309 an venezianische Kapitäne, für den Bau von S. Marco systematisch Säulen, Kapitelle und Marmorblöcke der verschiedensten Farben von den Inseln der *Romania*, also aus unserem Raum, als Ballast (!) mitzubringen.[122]

Das Ergebnis ist entsprechend: man sehe den Wald von antiken Säulenschäften an der Westfassade von S. Marco: «Nie zuvor hatte man eine solche Menge von Säulen an den Fassaden einer Kirche zusammengebracht. Es ist zugleich der größte erhaltene Bestand antiker Spolien an einem Bauwerk überhaupt».[123] Daß solche Stücke auch auf griechischen Inseln abgeräumt wurden, zeigt (neben den zitierten Quellen) etwa ein Stück, das man in der Fassade von S. Marco verbaut fand: ein Vertrag zwischen Lato und Olus auf Kreta, der also von Kreta herbeigeschafft worden ist.[124] So wie der archaische Löwe, der seit 1687 vor dem Arsenal steht, von Delos kommen muß. Und da Spolienverwendung gern ideologisch verbrämt wird, erzählte man nördlichen Pilgern, das sei alles aus Troja herbeigeholt, Venedig sei ganz aus den Steinen Trojas erbaut, wie Genua ganz aus den Steinen Athens.[125] Dazu ist zu wissen, daß eine verbreitete venezianische Ursprungslegende die Gründung Venedigs von Trojanern ableitete[126] – eine Gründungslegende, die erst spät, von den Humanisten, durch die Bezugnahme auf Rom, durch den Mythos der *secunda Roma* verdrängt wurde. Mag sein, daß die im 15. Jahrhundert üblich werdende Gleichsetzung von Trojanern und Türken den Venezianern die Lust an ihrer trojanischen Gründungslegende verleidet hat. Aber natürlich wurde Troja damals auch schon ohne jede gründungsmythische Absicht aufgesucht, etwa durch den Florentiner Benedetto Dei, der in den 1460er Jahren in der Levante reiste und sich dabei auch in Chios aufhielt; und die Florentiner Bonsignore Bonsignori und Bernardo Michelozzi (der bereits genannte Sohn des Architekten), die von ihrem Troja-Besuch 1498 einen ausführlichen, lohnenden Bericht hinterließen.[127]

Was alle unsere Reisenden auf ihren Fahrten in der Ägäis erlebt und in ihren Berichten deutlich angesprochen hatten – die alltäglich empfundene Gefährdung durch die Türken –, hatte mit der Eroberung Konstantinopels 1453 eine neue Qualität erhalten. Tatsächlich begannen schon 1455 kleinere türkische Flottenzüge gegen die Inseln, vor allem Lesbos und Chios, die noch ohne Besetzung, aber mit jährlichem Tribut davonkamen. Mehmeds II. serbisch-ungarischer Feldzug im folgenden Jahr, der mit der katastrophalen Niederlage vor

Belgrad endete, schuf einen Augenblick Entlastung. Zugleich nahmen auf christlicher Seite endlich Pläne Gestalt an, mit einer Flotte dem weiteren Vordringen der Türken entgegenzutreten.[128] Die Ägäis würde Aufmarschraum christlicher Kreuzuzugsflotten sein – und so sei, um die griechische Inselwelt auch aus dieser Perspektive zu erleben, der Bericht eines Teilnehmers an solchem Flottenunternehmen einbezogen.

Eine erste, von Papst Calixt III. ausgerüstete Flotte unter Kardinal Ludovico Scarampi operierte mit vorübergehendem Erfolg und vertrieb im Herbst 1456 die türkischen Besatzungen von Lemnos, Samothrake, Thasos; doch ließen sich schon Chios und Lesbos vom Kardinal nicht dazu bewegen, den Türken den jährlichen Tribut zu verweigern[129] (wir kennen das Inventar des Admiralsschiffes bei seiner Abtakelung: Kanonen, Armbrüste, Panzer, Galeeren-Heckleuchten usw.) – viel mehr als der gleichfalls verzeichnete «Sack mit türkischen Schwertern» war bei dem Unternehmen nicht herausgekommen, das den Sultan denn auch nicht hinderte, in zwei Feldzügen 1458 und 1460 nun auch das griechische Festland zu erobern. Nur das feste Monemvasia hielt sich, bot sich dem Papst als Flottenstützpunkt an[130] (Pius ernannte erfreut einen Gouverneur), gab sich aber schon 1462 vernünftigerweise an das kompetentere Venedig.

Die Flottenexpedition Pius' II. war wegen seines Todes 1464 abgebrochen worden. Acht Jahre später machte das Papsttum abermals einen Versuch, die Türken – immer noch der Eroberer Konstantinopels, Mehmed II. – auf dem griechischem Meer zu schlagen. Von diesem Flottenunternehmen Papst Sixtus' IV., das 1472 im Bunde mit Venedig und dem König von Neapel in die Ägäis führte, gibt es den Bericht eines Teilnehmers, der uns wirklich auf die griechischen Inseln bringt: der in Codex Ottobonianus latinus 1938 überlieferte *Libellus expeditionis classis apostolice in Turcos* des Pietro Ursuleo.[131] Die 74 Galeeren (davon 18 päpstliche unter der Leitung des Kardinallegaten Oliviero Carafa) operierten, gestützt auf Rhodos, vor allem an der Südwestküste Kleinasiens. Das Ergebnis dieser kostspieligen Unternehmung (die Rechnungen für Bau und Ausrüstung der päpstlichen Galeeren sind erhalten) war dürftig, die türkische Flotte verließ die Dardanellen nicht, ein Angriff auf Antalya scheiterte, nur die Überrumpelung und Plünderung Smyrnas gelang, hatte aber keine Folgen. Die Koalition zwischen Rom, Venedig, Neapel zerfiel bald.[132]

Der dem Papst gewidmete *Libellus* beginnt mit dem Auslaufen der Flotte aus dem Tiber nach feierlicher Verabschiedung durch Sixtus IV. am 28. Mai 1472. Nach vielen Wochen umständlich und in anspruchsvollem Latein beschriebener Fahrt, mit Zwischenlandungen in aller Förmlichkeit, Bewertung der gebotenen

 Begrüßungsreden, Begegnung mit großen Fischen und widrigen Winden, erreichen die päpstlichen und neapolitanischen Galeeren,[133] inzwischen vereinigt mit der venezianischen Flotte, über Korfu, Kephallonia, Modon (also die venezianische Hauptachse entlang) die Ägäis.

Von Patmos (wo natürlich des Evangelisten Johannes und seiner Apokalypse gedacht wird) geht die Fahrt, segelnd und rudernd, vorbei an unbewohnten Inseln, die man zum Trinkwasserfassen oder zum Weiden der mitgeführten Pferde anläuft. Etwa das damals wie heute unbewohnte Pserimos zwischen Kos und Kalymnos, «mit dem hier durchaus passenden Namen ‹Ziegeninsel›, bedeckt mit wilden Ölbäumen, Dornbüschen und Felsen, so wie Arkadien», eine Insel so klein und unbedeutend, daß sie in den heutigen Inselführern nicht einmal genannt wird, nur in Segelhandbüchern als nicht ganz ungefährlicher Ankerplatz.[134] Auf Samos legen die Matrosen Brände und fangen auf diese Weise Rebhühner in solcher Menge, daß es schließlich «allen zum Kotzen war», *quarum copia classis pene in nauseam devenerat*. Hier erwähnt der Autor auch, aber wohl nicht aus eigener Anschauung, eine «angeblich der Juno geweihte Säulen[stellung] nach Art eines Theaters», und rühmt die landschaftliche Schönheit des Platzes: «felsig mit viel Wasser, mit Wald aus Pinien, Lorbeer, Oliven».[135]

Feindberührung hat es immer noch nicht gegeben, sie wird vom Gegner wohl geflissentlich vermieden. Auf der Suche nach einem nächsten Operationsziel läßt man sich von griechischen Flüchtlingen einreden, die Hafenstadt Antalya sei schlecht befestigt und kaum bewacht und erwarte gewiß keine christliche Flotte aus dem 600 Meilen entfernten Italien. Sturmleitern werden zum Zusammenstecken vor Ort vorbereitet, Preise ausgesetzt für die ersten 10, die die Mauer erklimmen, ein völlig heruntergekommener Flüchtling an Bord genommen, der sich, ein griechischer Robinson, auf einsamer Insel jahrelang kümmerlich genährt hatte. Daß es solche verlassenen Inseln inzwischen eher mehr als weniger gab, haben wir aus anderen Quellen bereits erfahren.

Die Flotte nimmt nun, Anfang August 1472, an Kos vorbei Kurs auf Rhodos und zum Sturm auf Antalya. Die Eroberung mißlingt, die gesprengten Hafenketten sind die einzige Beute.[136] So endete das ganze Unternehmen ergebnislos – und anders wäre Pius' II. Flottenexpedition acht Jahre zuvor gewiß auch nicht ausgegangen.

Und es war auf diesem Meer, daß der große Nikolaus von Kues, Kardinal und Freund Pius' II., eine der größten Erleuchtungen seines Lebens hatte, wie er selbst bekennt. Auf der Rückfahrt von Konstantinopel, wo er 1438 den byzantinischen Kaiser und die Repräsentanten der orthodoxen Geistlichkeit in offizieller Mission zum Konzil von Ferrara und Florenz einholte, das die Spaltung von römischer und griechischer Kirche beendigen sollte, kam ihm auf dem Meere, *in mari me ex Graecia redeunte,* die große Einsicht in die «belehrte Unwissenheit», überkam ihn die Idee seines philosophischen Hauptwerks *De docta ignorantia*: «Als ich aus Griechenland zurückkehrte, wurde ich – wie ich glaube, durch Geschenk von oben herab vom Vater allen Lichts, von dem alle gute Gabe kommt – auf dem Meere dahin gebracht, daß ich das Unbegreifliche auf unbegreifliche Weise in belehrter Unwissenheit erfaßte ...»[137] Und so erleuchtete dieses Meer auch Menschen, die mit dem *inneren* Auge sahen.

Anmerkungen

Auf Ausflug mit Pius II.

1 Jacob Burckhardt, Die Kultur der Renaissance in Italien IV 3 (Ausgabe Kröner Bd. 53, Stuttgart 1952, S. 280).

2 Aus der umfangreichen Literatur zu Person und Pontifikat (allein zum Jubiläumsjahr 1405/2005 erschienen mehrere Sammelbände) hier nur der Hinweis auf zusammenfassende Lexikonartikel mit weiterführender Literatur: M. Pellegrini, Pio II, in: Enciclopedia dei Papi, II (Roma 2000), S. 663–685; J. Helmrath in: Lexikon für Theologie und Kirche, 8 (Freiburg [3]1999), Sp. 322–324; E. Meuthen in: Theologische Realenzyklopädie 26 (Berlin, New York 1996), S. 649–652; A. Esch in: Lexikon des Mittelalters, 6 (München, Zürich 1993), Sp. 2190–2192. – Zum Stil von Herrschaft und Selbstdarstellung mein Beitrag (dem ich hier stellenweise folge): Enea Silvio Piccolomini als Papst Pius II.: Herrschaftspraxis und Selbstdarstellung, in: Lebenslehren und Weltentwürfe im Übergang vom Mittelalter zur Neuzeit, hg. von H. Boockmann, B. Moeller, K. Stackmann (Abhandlungen der Akademie der Wissenschaften in Göttingen, Phil.-hist. Klasse III Nr. 179, 1989), S. 112–140.

3 So 20. 9. 1443 an den Vater: Der Briefwechsel des Eneas Silvius Piccolomini, hg. von R. Wolkan, I 1 (Fontes rerum Austriacarum II, Diplomata et Acta, 61, Wien 1909), Nr. 78.

4 Zur Apostrophierung des Konziliarismus als ‹demokratisch› vgl. E. Meuthen, Das Basler Konzil als Forschungsproblem der europäischen Geschichte (Rhein.-Westfäl. Akad. d. Wiss., Vorträge G 274, 1985), S. 27 f. Zum Thema Konziliarismus wichtigere Artikel zusammengestellt bei R. Bäumer (Hg.), Die Entwicklung des Konziliarismus (Wege der Forschung 279, Darmstadt 1976).

5 Vgl. Esch, Herrschaftspraxis, S. 126 f. mit der Literatur.

6 O. Raynaldus, Annales ecclesiastici, X (Lucca 1753), 1460 Nr. 31.

7 W. Reinhard, Papa Pius. Prolegomena zu einer Sozialgeschichte des Papsttums, in: Von Konstanz nach Trient. Festschrift A. Franzen (München 1972), S. 261–299; R. B. Hilary, The Nepotism of Pope Pius II, 1458–1464, in: Catholic Historical Review 64 (1978), S. 33 ff.

8 Zum Türkenkriegs-Kongreß zuletzt die Beiträge in: Il sogno di Pio II e il viaggio da Roma a Mantova, a cura di A. Calzona, F. P. Fiore, A. Tenenti, C. Vasoli (Firenze 2003).

9 Zum Folgenden Esch, Herrschaftspraxis (wie Anm. 2).

10 Aus der umfangreichen Literatur zu Pienza etwa N. Adams, The Acquisition of Pienza 1459–1464, in: Journal of the Society of Architectural Historians 44 (1985), S. 99–110; A. Tönnesmann, Pienza. Städtebau und Humanismus (München 1990). Zur Bewertung seines Mäzenatentums A. Esch, Sul rapporto fra arte ed economia nel Rinascimento italiano, in: Arte, committenza ed economia a Roma e nelle corti del Rinascimento (1420–1530) (Atti del Convegno internazionale Roma 24–27 ottobre 1990), a cura di A. Esch e C. L. Frommel (Piccola Biblioteca Einaudi 630, Torino 1995), S. 30 f.

11 Ein Überblick über seine Werke bei F.-J. Worstbrock in: Die deutsche Literatur des Mittelalters. Verfasserlexikon, 7 (Berlin, New York [2]1989), Sp. 634–669.

12 G. Kallen, Aeneas Silvius Piccolomini als Publizist in der epistola «De ortu et auctoritate imperii Romani» (Köln 1939), bes. S. 30 ff.

13 Wie G. Kisch, E. S. Piccolomini und die Jurisprudenz (Basel 1967) gegen die frühere Forschung hat nachweisen wollen.

14 Im einzelnen Esch, Herrschaftspraxis (wie Anm. 2), S. 118 f.

15 Itineranza pontificia. La mobilità della Curia papale nel Lazio (secoli XII–XIII), a cura di S. Carocci (Nuovi studi storici 61, Roma 2003); Reise nach Mantua: s. o. Anm. 8.

16 Von der hier vorgelegten Studie über seine Ausflüge, die ich in Herrschaftspraxis (wie Anm. 2) S. 133 ankündigte, erschien eine erste, italienische Fassung: A. Esch, In gita con Pio II. Un papa vive il paesaggio del primo Rinascimento, in: Accademia Senese degli Intronati, Conferenze su Pio II, a cura di E. Mecacci (Siena 2006), S. 27–66.

17 Archivio di Stato [fortan AS] Milano, *Sforzesco*, Siena 259: Ottone del Carretto 25. 4. 1460 aus Siena an Francesco Sforza: *ma non creda Vostra Signoria che se proceda qua in lo governo temporale con quello ordine et con quella celerità che fa Vostra Eccelentia, et anche in verità non ha la Santità di Nostro Signore molti denari a potere fare cose molto grandi.*

18 Im einzelnen A. Esch, Importe in das Rom der Frührenaissance. Ihr Volumen nach den römischen Zollregistern der Jahre 1452–62, in: Studi in memoria di Federigo Melis, 3 (Napoli 1978), S. 381–452, bes. S. 448 ff. (demnächst in überarbeiteter Buchfassung: Economia, cultura materiale ed arte nella Roma del Rinascimento. Studi sui registri doganali romani 1445–1485, Roma 2007).

19 Unter den kritischen Ausgaben, von denen nun (erst seit 1984) mehrere vorliegen, wird im folgenden nach der Edition in den Studi e Testi zitiert: Pii II commentarii rerum memorabilium que temporibus suis contigerunt, ed. A. Van Heck (Studi e Testi 312–313, Città del Vaticano 1984). Die anderen Editionen: durch L. Totaro, mit ital. Übersetzung (Milano 1984); I. Bellus/I. Boronkai (Budapest 1993); M. Meserve/M. Simonetta, mit engl. Übersetzung (The I Tatti Renaissance Library 12, Harvard Univ. Press 2003; bisher lib. I u. II).

20 Im Apparat der genannten Edition, und z. B. bei B. Widmer, Enea Silvio Piccolomini in der sittlichen und politischen Entscheidung (Basel u. Stuttgart 1963), bes. S. 30–32 («Jedenfalls stammen gerade die gelungensten seiner poetischen und stimmungshaften Wendungen nicht von ihm»). Vgl. N. Seeber, Enea Vergilianus. Vergilisches in den «Kommentaren» des Enea Silvio Piccolomini (Innsbruck 1997), S. 68 («Jedes Geschehen dieser schönen Zeit [auf dem Monte Amiata] erlebt er in erster Linie aus der Realität der klassischen Literatur»).

21 «Dies ist lauter wesentlich moderner Genuß, nicht Einwirkung des Altertums. So gewiß die Alten ähnlich empfanden, so gewiß hätten doch die spärlichen Aussagen hierüber, welche Pius kennen mochte, nicht hingereicht, um in ihm eine solche Begeisterung zu entzünden»: Kultur der Renaissance IV 3 (Ausgabe zit. Anm. 1), S. 282.

22 S. a. S. 18 f. mit Anm. 26.

23 S. u. Anm. 80, 82–84.

24 Beispiele in Itineranza pontificia (wie Anm. 15), und hier Anm. 40 (Innozenz III. in Subiaco).

25 Archivio di Stato Mantova, Archivio Gonzaga [fortan: ASMantova, *AGonz.*], 841 c. 119, Bartolomeo Bonatto (zu den Personen des Gonzaga-Kreises s. u. Anm. 46) 8. 7. 1461 aus Rom an Barbara von Brandenburg: *Non è setimana che non si faza portare fora duo o tre miglia a la ventura a qualche silva et lì si porta il manzare et poi ritorna la sera*; Pius war bis zum 20. Juli in Rom. Zum vatikanischen Palast und seiner näheren Umgebung damals (s. Abb. 2): S. Maddalo, In figura Romae. Immagini di Roma nel libro medioevale (Roma 1990), S. 183 ff; K. B. Steinke, Die mittelalterlichen Vatikanpaläste und ihre Kapellen. Città del Vaticano 1984 (Studi e documenti per la storia del Palazzo Apostolico Vaticano, 5); A. Monciatti, Il Palazzo Vaticano nel Medioevo (Firenze 2005).

26 Dazu nur wenige, jüngste Titel: K. Stierle, Spectaculum. Der Blick auf die Welt bei Petrarca und Jan van Eyck, in: Der stumme Diskurs der Bilder. Reflexionsformen des Ästhetischen in der Kunst der frühen Neuzeit, hg. von V. von Rosen, K. Krüger, R. Preimesberger (Berlin 2003), S. 119–138; B. Toscano, Il Perugino e la scoperta umanistica del paesaggio, in: Pietro Vannucci *il Perugino*. Atti del Convegno internaz. di studio 25–28 ott. 2000, a cura di L. Teza (Perugia 2004), S. 403–409; La percezione del paesaggio nel Rinascimento, a cura di A. M. Scanu (Bologna 2004).

27 ASMantova, *AGonz.*, 1099 c. 735v, Zaccaria [da Pisa] 9. 5. 1460 aus Petriolo an Barbara von Brandenburg. Hier ging es natürlich auch um das den Gonzaga gewiß gefällige Lob auf ihren jüngst ernannten Hofmaler.

28 *Comm.* (wie Anm. 19) Kaskaden S. 345, Gespräche S. 346 f.: *Pius in his pratis et circa scaturientes fontes ac circa umbrosas arbores sepe quievit aut de republica cum cardinalibus agens aut legationes audiens, que ipsum quocumque iret sequebantur.*

29 *Comm.* S. 347: gemeint sind die – noch heute beachtlichen – Reste von *Aqua Marcia, Anio Novus, Anio Vetus* und *Aqua Claudia,* die, aus der *valle reducta* (Vergil, Aeneis 6, 703) des Aniene tretend, an der jetzigen Strada provinciale 33[a] Empolitana im letzten Bergriegel vor Rom (*montes ... qui Romam prospectant*) verschwinden, was damals auch von Flavio Biondo beschrieben wird, s. u. Anm. 103; zu den Aquädukten hier Th. Ashby, Gli acquedotti dell'antica Roma (Roma 1991), S. 133 f. u. 334; A. Esch, Römische Straßen in ihrer Landschaft. Das Nachleben antiker Straßen um Rom, mit Hinweisen zur Begehung im Gelände (Mainz 1997), S. 130 f. mit Abb. 2–5.

30 *Comm.* S. 346.

31 ASMantova, *AGonz.*, 841 c. 377, Ludovico della Torre 15. 9. 1461 an Barbara von Brandenburg: *La rocha se fa a Tivoli cum grande furia, ... non se partirà da lì fino non sia fatta detta rocha.*

32 *Comm.* S. 405–410. Diese Exkursion ist, da kurz und mit kleinem Gefolge, in Briefen nur gestreift: *cum pochi deli suoi ... a Subiaco ch'è una abbadia dove Santo Benedicto fece penitentia* (ASMantova, *AGonz.*, 841 c. 187, vgl. 188, 193; 427).

33 Ausblick *Comm.* S. 405, Ufer S. 406; Valeria: Esch, Römische Straßen, S. 131 ff.

34 *Comm.* S. 406; Frontinus: *De aquaeductu urbis Romae.*

35 *Fontes sereno die adeo cupide frequentabat, ut saepe inter glaream et marginem cenam postulaverit ...; stationes libenter secundum fontes habuit, aut flumina et rivos si fontes non occurrissent*: Joh. Ant. Campano, Vita Pii II, a cura di G. C. Zimolo in Muratori, Rerum Italicarum Scriptores III 3 (Bologna 1964), S. 61, 62.

36 *Comm.* S. 406.

37 Zu den Anfängen des Buchdrucks in Subiaco M. Miglio, Saggi di stampa. Tipografi e cultura a Roma nel Quattrocento, a cura di A. Modigliani (Roma 2002), cap. III.

38 E. Meuthen, Ein neues frühes Quellenzeugnis (zu Oktober 1454?) für den ältesten Buchdruck. Enea Silvio Piccolomini am 12. März 1455 aus Wiener Neustadt an Kardinal Juan de Carvajal, in: Gutenberg-Jahrbuch 1982, S. 108–118.

39 *Comm.* S. 407.

40 K. Hampe, Eine Schilderung des Sommeraufenthalts der römischen Kurie unter Innozenz III. in Subiaco 1202, in: Historische Vierteljahrsschrift 8 (1905), S. 509–535.

41 Von dem römischen Stausee, der nach Einstürzen des Staudamms verschwand, spricht auch Pius, jedoch an anderer Stelle: *Comm.* S. 345; dazu L. Quilici, I *simbruina stagna* di Nerone nell'alta valle dell'Aniene, in: Uomo, acqua e paesaggio (Atlante tematico di topografia antica, II suppl. 1997), S. 99–142.

42 Schwimmen, Gurgeln: Hampe, S. 529.

43 21. 7.–4. 10. 1461, 4. 5.–18. 12. 1462: Abwesenheiten und Reise-Itinerare am besten bei D. Brosius, Das Itinerar Papst Pius' II., in: Quellen und Forschungen aus italienischen Archiven und Bibliotheken 55/56 (1976), S. 421–432.

44 ASMantova, *AGonz.*, 841 c. 737, Bartolomeo Marasca 8. 5. 1462 aus Viterbo an Barbara von Brandenburg: *Se ballò, chi a la morescha chi a la piva. Poi se spoiono tuti in zuponi. Lo arcivescovo de Benevento non se voleva spoiare; Monsignore nostro* [Kardinal Francesco Gonzaga] *disse se non ve spoiate non ve darò mai lo mio voto ...*, usw., teilweise in Chambers, Housing Problems (wie Anm. 46), S. 26 u. Märtl (wie Anm. 46), S. 142; ähnlich 841 c. 728, Giovan Pietro Arrivabene 8. 5. 1462 aus Viterbo an dies., teilweise in: Mantova. La storia, le lettere, le arti. E. Facioli, Le lettere, II (Mantova 1962), S. 59 f. (jedoch Datum und *Nepi* zu korrigieren), und jetzt vollständig in A. Modigliani, Ozi cardinalizi. La comitiva di Pio II tra Roma e Viterbo, in: Roma nel Rinascimento. Bibliografia e note 2006, S. 28–30.

45 Marasca im gleichen Brief.

46 Die immense Korrespondenz im Archivio Gonzaga ist schon mehrmals benutzt worden. Für unser Thema ergiebig sind besonders die Arbeiten von D. S. Chambers, vor allem: The Housing Problems of Cardinal Francesco Gonzaga, in: Journal of the Warburg and Courtauld Institutes 39 (1976), S. 21–58; und jetzt C. Märtl, Alltag an der Kurie. Papst Pius II. (1458–1464) im Spiegel zeitgenössischer Berichte, in: Pius II ‹el più expeditivo pontifice›. Selected Studies on Aeneas Silvius Piccolomini (1405–1464), ed. by Z. von Martels and A. Vanderjagt (Leiden 2003), S. 107–145; Esch, Herrschaftspraxis (wie Anm. 2), S. 132 ff. – Zu Kardinal Francesco Gonzaga D. S. Chambers, A Renaissance Cardinal and His Wordly Goods: the Will and Inventory of Francesco Gonzaga, 1444–1483 (Warburg Institute. Surveys and Texts 20, London 1992); zu einzelnen Personen seines Gefolges (und somit Briefschreibern) wie Giovan Pietro Arrivabene (sein Sekretär), Bartolomeo Marasca (sein Majordomus), Bartolomeo Bonatto (der mantuanische Gesandte beim Papst) ebda, S. 12 ff. und einzelne Studien s. ebda, Bibliographie.

47 Instruktion s. Archivio di Stato [fortan AS] Modena, *Archivio Estense,* Cancelleria ducale, Ambasciatori Roma 1, 3, 1 u. 2; von Pius in *Comm.* S. 199 f. die Argumente resumiert und als *iuvenilia et indigna* abgetan; vgl. das Charakterbild S. 165 f.

48 1467: 19 Briefe aus Rom; 1468: 19; 1469: 29, usw.: ASModena, ebda.

49 Zur Diplomatie der Sforza und ihrer Korrespondenz F. Senatore, «Uno mundo de carta». Forme e strutture della diplomazia sforzesca (Napoli 1998); zu Carretto ebda ad indicem.; V. Ilardi, Studies in Renaissance Diplomacy (Variorum Reprints, London 1986).

50 Etwa aus S. Fiora 30. Juni 1462 4 Briefe, am nächsten Tag weitere 2: ASMilano, *Sforzesco,* Siena 262.

51 S. u. Anm. 74. Doch daß er auch hier den Papst begleiten durfte, registrierten die sienesischen Gesandten sehr wohl: ASSiena, *Concistoro* 2004 c. 10.

52 ASMilano, *Sforzesco,* Roma 51, Carretto 17. 9. 1461, bzw. 54, 17. 5. 1463.

53 *Hogi presa la oportunità de tempo parlando con Sua Santità senza testimoni con quella libertà de parlare che Sua Beatitudine mi concede, mi deliberay de aprirli il sacho*: Carretto 20. 9. 1460 aus S. Quirico an Francesco Sforza; vgl. *da solo a solo*: Carretto 3. 10. 1461 aus Tivoli an Francesco Sforza: ASMilano, *Sforzesco,* Siena 261 bzw. Roma 51.

54 *Sua Beatitudine ben che li havesse assay fatta intendere la sua voluntà per parole che li achade a dire pur non li havea ancora voluto dare formale risposta*: Carretto und Caimi gemeinsam 12. 5. 1460 aus Macereto an Francesco Sforza, ASMilano, *Sforzesco,* Siena 259.

55 A. Modigliani, Paolo II e il sogno abbandonato di una piazza imperiale, in: Antiquaria a Roma. Intorno a Pomponio Leto e Paolo II (Roma nel Rinascimento, inedita 31, Roma 2003), S. 159.

56 Suchte Falerii auf *quod audierat muros adhuc extare lapide quadrato*: Joh. Ant. Campano, Vita Pii II (wie Anm. 35), S. 60.

57 ASMilano, *Sforzesco,* Roma 48, Carretto 27. 9. 1460 aus Orvieto an Francesco Sforza, *et andare vedendo figure et altri ornamenti di questa chiesa*: vgl. Märtl, Alltag, S. 138.

58 *Comm.* S. 495.

59 A. Esch, Bonifaz IX. und der Kirchenstaat (Tübingen 1969), S. 432 ff.; *Comm.* S. 495 f.

60 ... *si mantiene in questo aere di qua gentile e fresco come una bella rosa*: aus Viterbo 6. 6. 1462 an Barbara von Brandenburg, ASMantova, *AGonz.*, 841 c. 760. Allein zum Aufenthalt in Viterbo die Briefe aus Viterbo in *AGonz.* 841 c. 573–584 (Bonatto), 728–731 (Arrivabene), 737–743 (Marasca), 834–854 (Kardinal Francesco Gonzaga). Man vergleiche dagegen die für unsere Zwecke ganz unergiebigen Viterbeser Briefe des Kardinals Jacopo Ammanati Piccolomini, Lettere (1444–1479), hg. von P. Cherubini (Roma 1997), I Nr. 43–49.

61 ASMantova, *AGonz.*, 841 c. 743, Bartolomeo Marasca 3. 6. 1462 aus Viterbo an Barbara von Brandenburg; *el più bello* ebda. Fernblick: *volse stare suso uno pozeto* [poggetto] ... *dal quale se vede tuto el piano e monte di Viterbo* (Ders., 19. 5., 841 c. 739). Flachsfelder, Geschäfte: *Comm.* S. 496 f.

62 *Comm.* S. 517; Vergil, Aeneis 6, 703.

63 Zu dieser alten Abtei W. KURZE, Codex diplomaticus Amiatinus. Urkundenbuch der Abtei S. Salvatore am Montamiata, 4 Bde. (Tübingen 1974–2004).

64 ASSiena, *Concistoro* 2004 c. 4, Niccolò Severino 4. 7. 1462 *ex castro Abbatie sancti Salvatoris* an Siena: *la Sanctità di Nostro Signore adtende ad visitare spesso questi castagneti e monti. Ma il tempo gl'è molto contrario perchè ogni dì verso la sera ci piove*; s. a. c. 5 bei MÄRTL, Alltag S. 127.

65 ASMilano, *Sforzesco*, Siena 262, Ottone del Carretto 8. 7. 1462 aus San Salvatore an Francesco Sforza: *andare a solazo per queste silve et in tali lochi non si parla quasi d'altro che de cose da piacere*; vgl. MÄRTL, Alltag S. 126.

66 Ders. 30. 6. 1462 aus S. Fiora (neben drei weiteren Briefen vom selben Tag!): *Sforzesco*, Siena 262; dazu jeweils die Gegenbriefe des Herzogs, etwa: *Respondendo ad quanto ne scrivete per vostre lettere date ex abbacia sancti Salvatoris . . .*

67 *Comm.* S. 518 f.

68 *Ma non credo Italia habia el più ameno [loco]. Como s'è fuori de la porta se intra in uno castagnaro che dura de la miglia piu de sei. Li arbori sono alti quanto se pò guardare . . . De sotto la terra herbosa, pollita como uno prato secato. Molte fontanelle scoreno chiare, sempre è una oreta, che spira per quello boscho in modo che non se sente uno caldo,* usw.: ASMantova, *AGonz.* 841 c. 704, Bartolomeo Marasca 31. 7. 1462 aus S. Anna in Camprena an Barbara von Brandenburg: CHAMBERS, Housing Problems (wie Anm. 46) App. nr. 10.

69 *rezovenito et fato fresco cum bono colore:* ebda.

70 *Comm.* S. 519.

71 *Comm.* S. 519 f.: *fiebat et aliquando cum cardinalibus sub castaneis consistorium, et legationes in pratis audiebantur. Vectabatur quotidie per silvas pontifex et sequentibus curialibus inter eundum privata simul et publica absolvebat negotia*; in den Registern datiert jeweils *in Abbadia S. Salvatoris Clusin. dioc.*

72 Archivio Segreto Vaticano, Reg. Suppl. 553 f. 130 v, 554 f. 51 r: Repertorium Germanicum VIII 1 (bearb. von D. BROSIUS u. U. SCHESCHKEWITZ, Tübingen 1993) Nr. 502 und 3954 (20. 7. 1462), vgl. BROSIUS, Itinerar (wie Anm. 43), S. 429. Vgl. *Comm.* S. 520 f. (*placuit pontifici priusquam ederet signaturam facere . . .; erigere mensam et signare supplicationes oportuit*).

73 *Comm.* S. 522.

74 *Gli fu dato molto piacere facendose piscare et molte altre gentilezze che furono molto accepte a Sua Santità et così a tutti gli altri curiali et cortesani*: Ottone del Carretto 16. 7. 1462 an Francesco Sforza, ASMilano, *Sforzesco*, Siena 262; s. a. Anm. 51.

75 *Comm.* S. 520.

76 D. BROSIUS, Eine Reise an die Kurie im Jahre 1462. Der Rechenschaftsbericht des Lübecker Domherrn Albert Krummediek, in: Quellen und Forschungen aus italienischen Archiven und Bibliotheken 58 (1978), S. 411–440.

77 Die einzelnen Phasen der Angelegenheit klar bei BROSIUS.

78 Wohl ein (Medici-)Korrespondent von Francesco Rucellai in Krummedieks Lübeck (vgl. BROSIUS S. 417): Lübeck hatte im 15. Jahrhundert ungewöhnlicherweise einen residierenden italienischen Bankier, s. A. ESCH, Überweisungen an die Apostolische Kammer aus den Diözesen des Reiches unter Einschaltung italienischer und deutscher Kaufleute und Bankiers. Regesten der vatikanischen Archivalien 1431–1475, in: Quellen und Forschungen aus italienischen Archiven und Bibliotheken, 78 (1998), S. 262–387: S. 386 ‹Lübeck›.

79 *Comm.*, lib. II u. IV. Über diese Reise jüngst der Tagungsband Il Sogno zit. Anm. 8.

80 ASRoma, Camerale I, reg. 1477, *Spese minute di Palazzo*: fol. 12 v ff. Ausgaben Gefolge, 36 v ff. Ausgaben Papst.

81 *Comm.* S. 294.

82 ASRoma, Cam. I, reg. 1477, *Spese minute di Palazzo*, fol. 40 v–41 r.

83 ASRoma, Cam. I, reg. 1288, *Tesoreria segreta*, Viterbo: fol. 104 v–105 r (z. B. *a due fanciuletti*, 17. Juni); Regatta: fol. 107 r, 27. Juni; Amiata: fol. 108 v ff., mit Verteilung von Almosen an Arme, Unterstüt-

zungen an Einsiedler (z. B. *a uno romito che sta nella montagnia della Abbadia di San Salvatore* 1 duc., f. 110v, 27. Juli), Vergütung für den Abt (*a lo abbate* fol. 112 r, 4. Aug., wohl Ausbesserungen nach dem Aufenthalt). Einiges davon schon bei E. Casanova, Un anno della vita privata di Pio II, in: Bulletino Senese di storia patria 38 (1931), S. 21 f. Zu den Haushaltsbüchern des Pontifikats zuletzt C. Märtl, Der Papst und das Geld. Zum kurialen Rechnungswesen unter Pius II. (1458–1464), in: Kurie und Region. Festschrift für B. Schwarz, hg. von B. Flug, M. Matheus, A. Rehberg (Stuttgart 2005), S. 175–195.

84 ASRoma, Cam. I, reg. 1477, *Spese minute di Palazzo* f. 37 v, Wein *per portare a la fonte di Procieno; Comm.* S. 285: *in prato viridi non procul a rivo perenni ex ramalibus tabernacula fecerant in quis ... prandium paraverunt.*

85 *Comm.* S. 409: *indignus visus est qui tanti hospitis presentia gloriari posset, spretus est qui spreverat;* dort in den Colonna-Territorien zwei Essen im Freien (S. 408, 410). Verhältnis zu den Colonna: A. Rehberg, Pio II e i Colonna: fra ‹amicizie› personali e interessi della Chiesa, in: Enea Silvio Piccolomini. Arte, storia e cultura nell'Europa di Pio II, a cura di R. Di Paola/A. Antoniutti/M. Gallo (Roma 2006), S. 433–446. Orsini: dies ist die Episode mit Kardinal Coëtivy, s. Anm. 191.

86 A. Esch, Der König beim Betrachten einer Medaille, in: Westfalia Numismatica 2001, S. 101 f. (der König von Neapel 1456 beim Betrachten einer Medaille Francesco Sforzas).

87 So schon L. Pastor, der zu Pius in seiner Papstgeschichte und dem begleitenden Dokumentenband zahlreiche Gesandtenberichte heranzog.

88 Platina, Vita Pii II a cura di G. C. Zimolo, in Muratori, Rerum Italicarum Scriptores III 3 (Bologna 1964), S. 117; wenig Personal: Märtl, Alltag (wie Anm. 46), S. 136.

89 *in castro Abbatie,* dann *in Abbatia S. Salvatoris* datieren nun zeitweilig auch die Entscheidungen der Poenitentiarie, der obersten Bußbehörde: Repertorium Poenitentiariae Germanicum, IV: Pius II., bearb. von L. Schmugge u. a. (Tübingen 1996), S. 427 (dann Pienza, Petriolo: immer nur Fälle *deutscher* Petenten); *in castro Abbatie,* dann in *Abbatia S. Salvatoris* datieren auch Zahlungsmandate des Apostolischen Kämmerers an den Thesaurar: ASRoma, Camerale I, Mandati Camerali 837 fol. 33 v–39 r.

90 Einsiedelei s. o. Anm. 72; Paglia u. a. Fälle: man vergleiche die Daten des Itinerars bei Brosius (wie Anm. 43) mit dem Daten-Index im Repertorium Germanicum VIII 2, S. 765–796. So hat Pius auch auf dem kurzen Ausflug nach Ostia signiert: s. u. Anm. 115. Weitere Fälle im Itinerar bei Brosius S. 426–432 (die in kursiv gesetzten Ortsnamen, z. B. *in lacu Transimeno* 19. 2. 1459, *in insula Martana* 24. 6. 1462): doch enthält dieses Itinerar auch andere Belege als die vom Papst selbst durch *fiat* genehmigten Suppliken, s. ebda, S. 423, und zu fiktiven Daten S. 425.

91 *Comm.* S. 506, Brief der Farnese von Capodimonte damals an Francesco Sforza: ASMilano, *Sforzesco,* Roma 53, 30. 8. 1462.

92 *Comm.* S. 704. Tivoli s. o. S. 19.

93 *Comm.* S. 708; zwar ließ Pius den Efeu entfernen, beschreibt aber zunächst den Anblick; oder: er interveniert sofort, als er beobachtet, daß Pflaster der Via Appia ausgebrochen wird – aber wo andere nur dieses Einschreiten zum Schutz der Antike genannt hätten, schildert er auch den Eindruck der baumbeschatteten Straße, s. Anm. 95. Vgl. Triumphbogen unter Vegetation (s. Abb. 12): A. Giuliano, Roma decore nudata prostrata iacet (Atti dell'Accademia Naz. dei Lincei, 309, Memorie IX 14, Roma 2002), Abb. 21.

94 *Comm.* S. 703–705.

95 *Comm.* S. 705: *formosior in plerisque locis quam Romanorum florente imperio fuerit nucis avellane frondentibus atque admodum mense Maio virentibus circum supraque tecta. Iter natura gratissimum prebuit quavis arte superior.*

96 Der bekannte Bericht wurde erstmals von P. Kristeller, Andrea Mantegna (Berlin u. Leipzig 1902) Dok. 34 veröffentlicht und seither oft behandelt, jetzt auch, mit nicht überzeugenden Gründen, angezweifelt: M. Billanovich, Intorno alla «Jubilatio» di Felice Feliciano, in: Italia medievale e umanistica 32, 1989, S. 351–358.

97 Wie Anm. 1.

98 A. Esch, La lastra tombale di Martino V ed i registri doganali di Roma. La sua provenienza fiorentina ed il probabile ruolo del cardinale Prospero Colonna, in: Alle origini della nuova Roma: Martino V (1417–1431), Atti del convegno internazionale Roma 2–5 marzo 1992, a cura di M. Chiabò et al. (Roma 1992), S. 625–641.

99 Vom 12.9.1461 an den (an der Exkursion teilnehmenden) Gregorio Lolli: B. Nogara, Scritti inediti e rari di Biondo Flavio (Studi e Testi 48, Città del Vaticano 1927) Nr. 18, S. 193–202. Zur Lokalisierung des (heute verschwundenen) Klosters auf dem Monte S. Angelo südsüdöstlich von Tivoli: Forma Italiae I 7, Tibur II (Roma 1970), S. 185 f., mit Anm. 1.

100 *Comm.* S. 348, 635, 705 (bei aller Kritik an Biondo: S. 711 f.).

101 Brief Nogara (wie Anm. 99) S. 196.

102 ASMantova, *AGonz.*, 1099 c. 603, Teodoro da Montefeltro 6.2.1460 aus Siena an Barbara von Brandenburg; vgl. Märtl, Alltag, S. 128.

103 S. o. Anm. 29; Brief Nogara S. 197.

104 R. Krautheimer, Humanisten und Künstler, in: Ders., Ausgewählte Aufsätze zur europäischen Kunstgeschichte (Köln 1988), S. 299–319.

105 Von gezeigten Antiken schwärmt z. B. auch der Gesandte der Este: *Io ò vedute molte cose antiche le quali in verità mi paiono cose stupende,* Petroncino da Firenze 22.12.1461 aus Rom an Borso d'Este: ASModena, *Archivio Estense,* Cancelleria ducale, Ambasciatori Roma 1; *IIII teste o capi antiqui li quali sono da li intendenti reputati boni,* aus Rom nach Mantua durch den Goldschmied Cristoforo di Geremia ASMantova *AGonz.*, 841 c. 555 u. 596 (1. u. 6.4.1462), vgl. U. Rossi, Cristoforo di Geremia, in: Archivio storico dell'arte 1 (1888), S. 404–410.

106 Lorenzo Ghiberti, I Commentari, a cura di O. Morisani (Napoli 1947), S. 56; die zahlreiche Literatur dazu zuletzt bei V. Wiegartz, Antike Bildwerke im Urteil mittelalterlicher Zeitgenossen (Weimar 2004), S. 195 ff.

107 Martino di Bartolomeo di Biagio, s. Abb. 15.

108 Ostia: Poggio Bracciolini, Lettere I. Lettere a Niccolò Niccoli, a cura di H. Harth (Firenze 1984) Nr. 73 (1427); Colonna: S. Magister, Censimento delle collezioni di antichità a Roma (1471–1503), in: Xenia antiqua 8 (1999), S. 160; Nemi: *Comm.* S. 706 f.

109 ASSiena, *Concistoro* 2006 c. 35, Borghesio di Ser Agostino 24.5.1463 aus Rom an Siena: *feci compagnia alla Sua Santità parechi miglie.*

110 *Montium quoque delectabatur ascensu ut in Romano et Tyburtino prope nullum praetermiserit, sed praecipue qui virerent arboribus et in longissimum prospicerent:* Campano, Vita Pii II (wie Anm. 35), S. 62.

111 *Comm.* S. 708–710 (Übersetzung mit D. Esch, ebenso Porto).

112 So ist Gabii nicht hier, sondern an der Via Praenestina zu lokalisieren; ist die *via Sacra* nicht in ihrer Funktion (Zuweg zum Heiligtum des Juppiter Latialis) erkannt.

113 J. Delumeau, L'alun de Rome (Paris 1962); Phokäa/Foça: s. u. II S. 85.

114 Kultur der Renaissance (wie Anm. 1), S. 280 f.

115 Archivio Segreto Vaticano, Reg. Lat. 582 fol. 34 v u. 96 r.

116 *Comm.* S. 693–699.

117 Letzter Forschungsstand: Portus. An Archaeological Survey of the Port of Imperial Rome, by S. Keay, M. Millett, L. Paroli, K. Strutt (Archaeological Monographs of the British School at Rome 15, 2005).

118 Juan de Carvajal, ein Spanier wie Trajan. ‹Burg›: das Episcopio.

119 *Comm.* S. 696 f.; Sturm: S. 697–699. Sturmnacht an der Tibermündung auch beschrieben in Poggio Bracciolini, *Facetiae,* nr. 168 (zu 1440).

120 ASMantova, *AGonz.*, 842 c. 189, 12.5.1463 an Barbara von Brandenburg.

121 Paolo di Lello Petrone, *La Mesticanza,* a cura di F. Isoldi in Muratori, Rerum Italicarum Scriptores XXIV 2 (Città di Castello 1910–12), S. 60.

122 Jacobus Gherardi da Volterra, *Diario romano*, a cura di E. Carusi in Muratori, Rerum Italicarum Scriptores XXIII 3 (Città di Castello 1904–06), S. 125.

123 Vgl. Scavi di Ostia, X, a cura di P. Baccini Leotardi (Roma 1979), S. 43 (wie auch bei Flavio Biondo); Wetten: s. u. Anm. 129.

124 *Comm.* S. 698.

125 Die erstmals von G. Cugnoni 1883 separat edierten Streichungen von 1584 sind in die jetzigen Ausgaben integriert und durch Kursivdruck kenntlich gemacht. Zu den Zensurierungen zuletzt S. Honegger Chiari, L'edizione del 1584 dei «Commentarii» di Pio II e la duplice revisione di Francesco Bandini (Analisi del libro primo), in: Archivio Storico Italiano 149 (1991), S. 585–612; A. Esch, Conclusioni per la storiografia, in: Accademia Nazionale dei Lincei/Congregazione per la Dottrina della Fede, L'apertura degli Archivi del Sant'Uffizio Romano (Atti dei Convegni Lincei 142, 1998), S. 88 f.

126 *otium*: *Comm.* S. 408; *indigna* S. 711; Muskete S. 272; Hündchen S. 712, Käse (der von Chiusure bei Monte Oliveto Maggiore) S. 611.

127 *Comm.* S. 348 f.

128 ASMantova, *AGonz.*, 841 c. 740, 715, 751 u. ö.; zu *Comm.* S. 249.

129 *Comm.* (jeweils Kursivdruck, s. o. Anm. 125) S. 555 f. Pienza, S. 295 Campagnano, S. 495 Falerii, S. 695 f. u. 697 Ostia (Aeneis 2, 265).

130 *Comm.* S. 204 (*mortuus aliquando probatur, successoris opera antecessorem commendant*).

131 Im einzelnen Esch, Herrschaftspraxis (wie Anm. 2), S. 130–133.

132 In: Briefwechsel (wie Anm. 3), I Nr. 166; dazu B. Widmer, Zur Arbeitsmethode Enea Silvios im Traktat über das Elend der Hofleute, in: Lettres latines du Moyen Âge et de la Renaissance, edd. G. Cambier et al. (Collection Latomus 158, 1978), S. 183 ff. (mit Nachweis zahlreicher literarischer Entlehnungen aus Peter von Blois, Poggio Bracciolini und anderen); und zuletzt J. R. Woodhouse, Dal *De curialium miseriis* al Libro del Cortegiano e oltre, in: Il sogno (wie Anm. 8), S. 423–441, und S. Iurlaro, Il *De curialium miseriis* nell'ideologia politica di Pio II, ebda, S. 517–527.

133 *De curialium miseriis* S. 465, 471, 474.

134 Wie C. Märtl gezeigt hat: Humanistische Kochkunst und kuriale Ernährungsgewohnheiten um die Mitte des 15. Jahrhunderts, in: Herrschaft und Kirche im Mittelalter. Gedenksymposion Norbert Kamp (Braunschweig 2001), S. 47–70, bes. S. 58 ff. Zu dieser Thematik auch B. Laurioux, Gastronomie, humanisme et société à Rome au milieu du XVe siècle. Autour du *De honesta voluptate* de Platina (Firenze 2006).

135 Märtl, S. 60.

136 *Comm.* S. 347 (*domus antiqua et ruinosa plena muribus fuit, qui ad magnitudinem cuniculorum huc et illuc discurrentes inquietas noctes reddebant*).

137 Praktisch der Ausblick von der Villa d'Este, die nämlich dann die Stelle des Franziskanerkonvents von S. Maria Maggiore einnehmen wird.

138 ASMantova, *AGonz.*, 841 c. 141, Bartolomeo Bonatto 26. 7. 1461 aus Rom an Barbara von Brandenburg: Märtl, Alltag (wie Anm. 46), S. 138 f.; vgl. Chambers, Housing Problems (wie Anm. 46), S. 33.

139 *Questi dui sono li meglio allogiati, extimi la Signoria Vostra come sta Zamorensis et Sasferrato* (die Kardinäle de Mella und Oliva): so Bartolomeo Bonatto in demselben Brief.

140 Nur ein Beispiel unter vielen der Brief von Taddeo di Montefiore *ex mala Roma* 20. 1. 1461: *queste non sono le casse de Mantua ..., le case sono tristissime ...*, und dann in allen Details: A. Calzona, Da Mantova a Roma: la «rivincita» dell'Alberti negli ultimi anni del pontificato di Pio II, in: La Roma di Leon Battista Alberti. Catalogo a cura di F. P. Fiore con la collaborazione di A. Nesselrath (Milano 2005), S. 147 f.

141 ASMantova, *AGonz.*, 842 c. 232, Bartolomeo Marasca 7. 7. 1463 aus Tivoli an Barbara von Bran-

denburg, über die Unterkunft des Kardinals Francesco Gonzaga (*sta in una casa bella secundo Tivoli, ma secundo casa de Mantua serìa bona stala de sotto, e di sopra per mettere feno*); vgl. CHAMBERS, Housing Problems S. 33; sowie 2 Briefe des Kardinals aus Tivoli an die Eltern 842 c. 47 u. 48.

142 *Messer Otto et io facessemo una deliberatione de acceptare el primo invito; el pensiere vene falito chè da alcuno non fussimo invitati al palazzo*: s. folg. Anm.

143 ASMantova, *AGonz.*, 841 c. 141, Bartolomeo Bonatto 26. 7. 1461 aus Rom an Barbara von Brandenburg.

144 *Comm.* S. 547–549.

145 L. B. Alberti, L'Architettura (*De re aedificatoria*), a cura di G. ORLANDI (2 Bde. Milano 1966), V 17.

146 Zuletzt G. BLUM, *Fenestra prospectiva*. Das Fenster als symbolische Form in Kunsttheorie und Architektur der Frührenaissance, in: Leon Battista Alberti. Humanist, Kunsttheoretiker, Architekt, hg. von J. POESCHKE u. C. SYNDIKUS (im Druck); Miracoli: zuletzt L. TEZA, Una nuova storia per le tavolette di S. Bernardino, in: Pietro Vannucci *il Perugino* (wie Anm. 26), S. 247–305. Daß man sich, in der Stadt, damals den *prospectus et frontispicium ex fenestris* vertraglich zusichern lassen konnte (man hätte sich auch auf das Römische Recht berufen können), zeigt der Fall bei A. ESCH, Un notaio tedesco e la sua clientela nella Roma del Rinascimento, in: Archivio della Società romana di storia patria, 124 (2001), S. 207 f.

147 ASSiena, *Concistoro* 2004 c. 4, der sienesische Kommissar Niccolò Severino 4. 7. 1462 *ex castro Abbatie sancti Salvatoris* an Siena: *benchè sia molto difficile per la qualità del luogho e per lo essere già in ogni luogho consumate le biade vechie e le nuove non battute.*

148 ASSiena, *Concistoro* 2006, c. 34, Kardinal Filippo Calandrini 23. 5. 1463 aus Petriolo an Siena: *loci enim incommoditas facit, ut rebus multis careamus, quibus alibi abundare solemus.* Dazu die Klagen von Kardinälen über das Nichteintreffen von Gepäck in Petriolo wegen der rigiden sienesischen Zollpraxis: *Concistoro* 1997 c. 86, 2006 c. 17 u. 24.

149 ASSiena, *Concistoro* 1997 c. 47, Leonardo Benvolenti commissario 11. 5. 1460 aus Macereto an Siena.

150 ASMantova, *AGonz.*, 841 c. 730, Giovan Pietro Arrivabene 21. 5. 1462 aus Viterbo an Barbara von Brandenburg: *già comincia fare lo apparichio chè non ritrovandosi de qua l'abundantia de Lombardia non se puoe provedere cussì in uno tratto.*

151 ASMantova, *AGonz.*, 841 c. 673, Giovan Pietro Arrivabene 20. 7. 1462 aus S. Anna in Camprena an Barbara von Brandenburg, vgl. Ders. c. 668; ähnlich (*in questi luochi remoti e solitarii*) der Kardinal selbst, 841 c. 450; *et è remoto dale strade comuni*: 841 c. 647, Giacomo d'Arezzo ebda 7. 8. 1462.

152 Arrivabene an Barbara 9. 7. 1462, ebda 841 c. 643.

153 ASMantova, *AGonz.*, 841 c. 696, Bartolomeo Marasca 17. 7. 1462 aus S. Anna in Camprena an Barbara von Brandenburg (eine Woche vorher hieß es vom Kardinal noch: *lo stomaco che anchora era debile se turbò*, c. 694).

154 Ebda 841 c. 645, Giacomo d'Arezzo 20. 7. 1462 aus S. Anna in Camprena an Barbara von Brandenburg.

155 *È scoperta grande peste in modo che se leva la canzelaria de là. Lo cardinale Vincula è partito ... da Orvieto per la peste grande*: ebda 841 c. 714, Bartolomeo Marasca 13. 9. 1462 an Barbara.

156 ... *ala Abadia alcuni secretamente erano morte di peste*, darum beschließt der Gonzaga-Kardinal *non volere andare a la Badia visitare Nostro Signore per lo suspecto de la peste* (ebda 841 c. 699 u. 701, Bartolomeo Marasca 27. u. 28. 7. 1462 aus S. Anna in Camprena an Barbara von Brandenburg); ähnlich Ottone del Carretto 26. 7. 1462 aus S. Fiora an Francesco Sforza, und: *questa corte ha infecto tutto questo paese*; und 7. 8. (ASMilano, *Sforzesco*, Siena 262) als Grund für sofortigen Aufbruch vom Monte Amiata.

157 *Perchè essendosi de fresco partita la corte da Viterbo dove la peste fa gran processo non si sa ancora da chi guardarsi*: Carretto 1. 7. 1462 aus S. Fiora an Francesco Sforza, ASMilano, *Sforzesco*, Siena 262.

158 ASMantova, *AGonz.*, 841 c. 690, Bartolomeo Marasca 30. 6. 1462 aus S. Anna in Camprena an Barbara von Brandenburg.

159 *Perchè ovunque la Corte va pare che meni seco la peste...* Folge: *ogni cosa è in grande carestia per li comercii che sonno ristretti per questa contagione* (so Carretto 7. 8. 1462 aus Montepulciano an Francesco Sforza: ASMilano, *Sforzesco,* Siena 262).

160 Am Beispiel Mitteleuropas ESCH, Überweisungen (wie Anm. 78).

161 Geldprobleme *non essendoli li mercadanti de corte de Roma quali per la dimora del papa in questi lochi non hano seguito*: Carretto 14. 9. 1460 aus S. Quirico an Francesco Sforza; ähnlich 17. und 20. 9. über den Thesaurar (*et etiam questa dimora del papa per questi lochi, et il disordine della corte li dà grande impazo a richatare il denaro*: ASMilano, *Sforzesco,* Siena 261). Carretto nennt für seine Person als Bankiers vor allem Spinelli, Medici, Baroncelli: 19. 1. 1459 aus Rom, *Sforzesco,* Roma 48.

162 ASMilano, *Sforzesco,* Siena 259, Carretto 5. 5. 1460 aus Siena an Francesco Sforza. Giovanni Caimi 12. 5. 1460 aus Macereto an Dens., ebda: *Io so bene che ad quisti bagni non me basta XX^{ti} bolognini per bocha e per cavallo*; *Sforzesco,* Siena 259; ähnlich Ders. 16. 5., ebda: *cum dampno per la spexa grande che bisogna fare stando in quisti lochi solitary dove s'è reducta la Santità del papa.*

163 ASSiena, *Concistoro* 2004 c. 27, Niccolò Severino 7. 8. 1462 aus Pienza an Siena: *ad hore quattordici fu deliberato el partire et a le vinti partì.* Niccolò Severino wurde im Sienesischen öfter zu Pius II. abgeordnet, und dieser zeigte sich erkenntlich: Niccolò wurde Senator von Rom, Podestà von Perugia, von Bologna (als solcher beschreibt er den prächtigen Einzug des jungen Kardinals Francesco Gonzaga auf dem Weg nach Rom, sichtlich erstaunt über dessen Erhebung zum Kardinal: ASSiena, *Concistoro* 2005 c. 91, 9. 3. 1462).

164 ASSiena, *Concistoro* 2004 c. 46, Niccolò Severino 31. 8. 1462 aus Pienza an Siena (auch für den Fall einer Pest).

165 *... più mesi etiam se'l fosse passato 'l tempo de usare li bagni perchè gli starà per soa recreatione et per havere più libertà de ayre e anche per non havere tanti tedij de audientie*: Giovanni Caimi 16. 5. 1460 aus Macereto an Francesco Sforza, ASMilano, *Sforzesco,* Siena 259; vgl. MÄRTL, Alltag, S. 136. Zum Itinerar BROSIUS, Itinerar (wie Anm. 43). Zu den von Pius besuchten toskanischen Bädern jetzt D. BOISSEUIL, Le thermalisme en Toscane à la fin du Moyen Âge: les bains siennois (Rome 2002).

166 ASSiena, *Concistoro* 2005 c. 20, Gabriele dei Piccolomini 1. 12. 1462 aus Todi an Siena.

167 ASSiena, *Concistoro* 2005 c. 85, 12. 2. 1464.

168 *Trovandosi la Santità de Nostro Signore in motu et io havendo le cose mie incassate et parte mandate via ad uno castello chiamato Vignaro al qual ho mandato la dona mia vicino a Tivoli a cinque miglia non ho possuto ancora ricercare dicte lettere*: Carretto 3. 7. 1463 aus Tivoli an Francesco Sforza, ASMilano, *Sforzesco,* Roma 55; vgl. MÄRTL S. 137; anderes hatte er, *quando il papa l'anno passato ce menava tanto atorno,* in Bologna deponiert (ebda, 13. 7.).

169 Hier gezeigt am Bericht eines deutschen Prokurators 1462, s. o. S. 34 f.

170 *Semo stati in lochi unde per savono e cinere adoperano calcina..., bateno cum saxi e raspano quando voleno cavare le machie*: D. S. CHAMBERS, Bartolomeo Marasca, Master of Cardinal Gonzaga's Household (1462–1469), in: Aevum 63 (1989), S. 268.

171 ASMantova, *AGonz.,* 841 c. 788–792, Alessandro Gonzaga 22. u. 24. März 1462 an Barbara von Brandenburg über die Reise seines Neffen Kardinal Francesco Gonzaga nach Rom.

172 *La citate niuna altra propretate hà de citate se non el nome* (ASMantova, *AGonz.,* 841 c. 668, Giovan Pietro Arrivabene 24. 6. 1462 aus S. Anna in Camprena an Barbara von Brandenburg); *cum grande solempnitate piu che non meritava la qualità della terra* (841 c. 650, Giacomo d'Arezzo 4. 9. 1462 aus S. Anna an Barbara); *e vilani, dico, mia colpa, zentilhomeni da Città Pia* (Bartolomeo Marasca 27. 7. 1462, s. CHAMBERS, Housing Problems, App. nr. 9). Weitere Briefe zu Pienza bei CHAMBERS passim; aus der reichen jüngeren Literatur zu Pienza s. o. Anm. 10.

173 ASSiena, *Concistoro* 1997 c. 55, Leonardo Benvolenti 22. 5. 1460 aus Macereto an Siena: *Facendo fare el Santo Padre a Corsignano quelli due hedifitij tanto magnifici e excellenti* [Kirche und Palazzo] *..., per condurre le colonne de la pietra e le travi e altri lavori è necessario avere de' bufali... più conformi e convenienti ad tale exercitio..., pare che per più comunità e particulari persone di Val d'Orcia si sia prohibito e vietato... che uno*

bufalo non può mectere el piè in uno luogho ... Der Papst sei gegebenenfalls zu Schadenersatz bereit; s. a. c. 62.

174 ASSiena, *Concistoro* 2004 c. 30, Niccolò Severino 11.8.1462 aus Pienza an Siena: *Questa mattina Sua Santità s'è fatta portare per tutto il palazzo di sopra et di sotto, e così nela chiesa, et con grande piacere a veduto et pargli avere fatto cose degne si come sonno* ... *Qua si fa grandissima guardia che non c'entrino forestieri di nissuna conditione.*

175 ... *più tosto de atacharsi al diabolo de l'inferno ch'a consentire a questa sua voluntà* ...; *volle venire* ... *ali suoi figlioli senesi: questa parte credeno sia dicta ironichamente da la Sua Santità*: Giustiniano Cavitello 29.5.1462 aus Siena an Francesco Sforza, ASMilano, *Sforzesco*, Siena 262. Vgl. *Comm.* S. 136–144.

176 ASMantova, *AGonz.*, 1099 c. 616, Jacobus Chicius 2.2.1460 aus Siena an Markgraf Ludovico Gonzaga und Barbara: ... *è una compassione ad intrare in quelle lor case non dicho pallazi, perchè non meritano essere nominati pallazi*; und er fährt fort: *tra li altri Rev.mi signori cardinali, Monsignor de Sancto Marcho* [Pietro Barbo] *è alogiato in una casa, che ne la intrata di quella è obscura melenconica cum una saleta laquale non ha ne longa ne larga, de le camare non dicho nulla nisi che necessario serà che li magnifici soe razi e tapede suplischano a tute li manchamenti.* Und alle *benedicano Mantua nè cessano di ponere quella cum summe laude in fine al cielo* ... *Sua Santità me dice che non vole più biasemare lo aere Mantuano* ...; *è una faticha intollerabile a ritrovare stantie per cortisani carissime di pretio molto più ch'a Mantua*: ebda; folgen Preise von Wein, Getreide, Heu. Ähnlich Ders. 5 Tage später, 1099 c. 615: *il minimo veschovo se ritrovò a Mantua era più dignamente alogiato che non son al presente dicti signori cardinali.* Zur Unterbringung in Mantua R. Signorini, Alloggi di sedici cardinali presenti alla dieta, in: Il sogno (wie Anm. 8), S. 315–389.

177 *Venne a visitare questo monastero a l'improvisa* ... *Et introe in lo piu bruto loco de casa unde erano unguenti de cavalli e mille spurcicie, et li inseme cum li quatro cardinali fece concistorio*: Bartolomeo Marasca 15. 9. 1462 aus S. Anna in Camprena an Barbara von Brandenburg, ASMantova, *AGonz.*, 841 c. 715.

178 ASMantova, *AGonz.*, 841 c. 647, 652, 679, 751.

179 ... *introe la Santità de Nostro Signore a l'improvisa che parse havesse piacere de fare la beffa a suoi citadini e coglierli cussì sproveduti*: Kardinal Francesco Gonzaga aus S. Anna in Camprena an die Eltern, 841 c. 457 u. 458.

180 ASMilano, *Sforzesco*, Siena 259, Giovanni Caimi 16.5.1460 aus Macereto an Francesco Sforza; ASMantova, *AGonz.*, 841 c. 643, Giacomo d'Arezzo 9.7.1462 aus S. Anna in Camprena an Barbara von Brandenburg; vgl. Märtl, Alltag, S. 139.

181 Ebda 841 c. 450, 20.7.1462 an Barbara: Chambers, Housing Problems, App. Nr. 7. Der mailändische Gesandte setzte sich nach S. Fiora (was nahe lag, da es Sforza-Besitz war, s. o. Anm. 51), doch seine Mitarbeiter saßen zum Teil in Montepulciano: *Io mi sonno reduto qua a Santa Fiora cum parte de li mey per essere vicino a la Santità Sua, la più parte de la mia brigada ho a Montepoliziano. Ogni duy dì una volta vado da la Santità del Nostro Signore, dal cardinale Theano* [Niccolò Fortiguerra], *a misser Goro* [Lolli] *et dal Thesaurero per intendere se 'l c'è alcuna cosa de novo*: Ottone del Carretto 28.7.1462 aus Santa Fiora an Francesco Sforza, ASMilano, *Sforzesco*, Siena 262; ähnlich Ludovico de Ludovisiis 30.7. aus S. Fiora, ebda.

182 ASSiena, *Concistoro* 2004 c. 58, 13.9.1462: *li omini de la terra* [Asciano] *non si sono contentati di riceverla*, darum die Bewohner dazu bewegen *che ricevino la detta Cancellaria et tractino bene li cortesani vi saranno.*

183 Ebda c. 75, 1.10.1462.

184 *Se partirono li cortesani et non trovarono chi gl'acept*[...]; *po pensare la Vostra Illustrissima Signoria quanta incomodità patischono li cortesani desiderono havere un luogo fermo e degno*: Giacomo d'Arezzo 18.9.1462 (auch im Hinblick auf die Pest) aus S. Anna in Camprena an Barbara von Brandenburg, ASMantova, *AGonz.*, 841 c. 652.

185 *Hanc eius crebram locorum mutationem non defuere qui carperent, et aulicis maxime, quod id nisi aut bello aut peste aut alia gravissima causa urgente a maioribus numquam factum diceretur*: Bartolomeo Platina, Vita Pii II (wie Anm. 88), S. 117.

186 ASMantova, *AGonz.*, 842 c. 425, Giacomo d'Arezzo 21.7.1464 aus Ancona an Ludovico Gonzaga; sowie c. 425–437, im letzten Brief (16.8.) als Postskript der Tod des Nikolaus von Kues.

187 ASMilano, *Sforzesco*, Roma 56, Ottone del Carretto 28.5.1464 aus Rom an Francesco Sforza: *Volse fare il gagliardo e fecesi portare in l'orto, e poi in la chiesa di san Piero* ...; Kardinal Jacopo Ammanati habe ihm vertraulich mitgeteilt, *la Santità Sua ... sta obstinata dicendo se dovesse morire che vole andare come ha promisso.*

188 Kardinal Francesco Gonzaga unterrichtete seinen Vater über die Wahl des Nachfolgers mit einem offensichtlich vorgefertigten Brief, denn der Name des Gewählten und das Wahldatum sind mit anderer Tinte nachgetragen: ASMantova, *AGonz.*, 842 c. 296, 30.8.1464.

189 *Li Senesi sono de qua perseguitati a furia* ..., *tanto è l'odio che hanno concitato contra de se*: Kardinal Francesco Gonzaga 25.8.1464 (also noch vor der Wahl Pauls II.) an den Vater: ebda, 842 c. 294; ähnlich Arrivabene 842 c. 330.

190 A. De Vincentiis, Battaglie di memoria. Gruppi, intellettuali, testi e la discontinuità del potere papale alla metà del Quattrocento (Roma 2002); S. Bauer, Platina e le «res gestae» di Pio II, in: Pius Secundus, Aeneas Silvius Piccolomini: Poeta Laureatus, Pontifex Maximus, a cura di A. Antoniutti (Roma 2006).

191 *Comm.* S. 295. Sein Verhältnis zu den französischen Kardinälen am Beispiel von Jean Jouffroy: C. Märtl, Kardinal Jean Jouffroy († 1473). Leben und Werk (Sigmaringen 1996), bes. S. 194 ff.

192 ASMantova, *AGonz.*, 841 c. 680, Giovan Pietro Arrivabene 29.9.1462 aus S. Anna in Camprena an Barbara von Brandenburg, s. Märtl, Alltag. S. 135: zu *Comm.* S. 612.

193 Man sehe allein die (z.T. schon oben zitierten) Briefe über den Zug des Papstes nach Viterbo Anfang Mai 1462 ASMantova, *AGonz.* 841 c. 728 u. 730, Giovan Pietro Arrivabene 8. u. 21.5.1462 aus Viterbo an Barbara von Brandenburg; c. 737 Bartolomeo Marasca 8.5. an dieselbe (aus diesen Briefen die folgenden Zitate).

194 S. o. Anm. 68; Biondo: s. o. Anm. 99.

195 Märtl, Alltag, S. 140.

196 *Comm.* S. 762: *non Iesum* wird 1584 gestrichen.

197 Zum Flottenprojekt Pius' II. s. o. S. 9, Sixtus' IV. s. u. II S. 107–109.

198 Der Bericht bei L. von Pastor, Ungedruckte Akten zur Geschichte der Päpste vornehmlich im XV., XVI. und XVII. Jahrhundert, I (Freiburg 1904) Nr. 125, S. 150–160.

Das Erlebnis der griechischen Inselwelt in der Renaissance

1 Den besten Überblick gibt jetzt das Repertorium: Europäische Reiseberichte des späten Mittelalters. Eine analytische Bibliographie, hg. von W. Paravicini, I: Deutsche Reiseberichte, bearb. von C. Halm (Frankfurt u.a. 1994); entsprechend II, Französische Reiseberichte (J. Wettlaufer, 1999); III, Niederländische Reiseberichte (J. Hirschbiegel, 2000) (Kieler Werkstücke, D 5, 12, 14). Für den griechischen Raum einschließlich der Inseln sind die Reiseberichte gut zusammengestellt bei J.P.A. van der Vin, Travellers to Greece and Constantinople. Ancient Monuments and Old Traditions in Medieval Travellers' Tales, 2 Bde. (Publications de l'Institut historique-archéologique néerlandais de Stamboul, 49, 1980).

2 A. Esch, Gemeinsames Erlebnis – individueller Bericht. Vier Parallelberichte aus einer Reisegruppe von Jerusalem-Pilgern 1480, in: Zeitschrift für historische Forschung 11 (1984), S. 385–416.

3 A. Esch, Staunendes Sehen, gelehrtes Wissen: zwei Beschreibungen römischer Amphitheater aus dem letzten Jahrzehnt des 15. Jahrhunderts, in: Zeitschrift für Kunstgeschichte 50 (1987), S. 385–393.

4 Viaggio in Terrasanta di Santo Brasca 1480, a cura di A. L. Momigliano Lepschy (Milano 1966), S. 61.

5 A. M. WOODWARD, The Gortyn ‹Labyrinth› and its Visitors in the Fifteenth Century, in: Annual of the British School at Athens 44 (1949), S. 324 f.

6 Niccolò da Martoni (wie Anm. 19) S. 586 (über Hafeneinfahrt: S. 585 f.; also vor BESCHI [wie Anm. 55] S. 311).

7 Dietrich von Schachten 1491/92: R. RÖHRICHT/H. MEISNER, Deutsche Pilgerreisen nach dem Heiligen Lande (Berlin 1880), S. 216.

8 Le voyage de Pierre Barbatre à Jérusalem en 1480, edd. P. TUCOO-CHALA et N. PINZUTI, in: Annuaire-Bulletin de la Société de l'Histoire de France 1972/73, S. 119.

9 K. L. GROTEFEND, Des Edelherrn Wilhelm von Boldensele Reise nach dem Gelobten Lande, in: Zeitschrift des Historischen Vereins für Niedersachsen 1852, S. 239.

10 *De quibus est sciendum, quod in civitate Venetiae non est aliqua columna lapidea vel aliquod bonum opus lapideum sectum nisi de Troja ibidem sit deportatum*: Lodulphi rectoris ecclesiae parochialis in Suchem, *De itinere Terrae Sanctae liber*, hg. von F. DEYCKS, Stuttgart 1851, S. 16 f.; vgl. WEISS, Discovery (wie Anm. 55), S. 133.

11 S. u. S. 106.

12 Th. SCHÖN, Eine Pilgerfahrt in das Hl. Land im Jahre 1494, in: Mitteilungen des Instituts für österreichische Geschichtsforschung 13 (1892), S. 462.

13 Viaggio di Pietro Casola a Gerusalemme, a cura di G. PORRO (Milano 1855; Neuausgabe von A. PAOLETTI, Asti 2001), S. 96: *e quando fosse in Italia, maxime in Lombardia, sarebbe facto una forteza molto notabile: qui me pare sia uno stabulo de porci. A me non bastarebbe l'animo di starli una notte dubitando non caschasse.*

14 A. ESCH, La guerra di Troja nella Campagna romana. I registri doganali di Roma come fonte per l'onomastica nel Lazio del Quattrocento, in: Roma nel Rinascimento, Bibliografia e note 2006, S. 17–19.

15 BABINGER, Mehmed der Eroberer (vgl. A. 128), S. 225.

16 Man sehe vor allem die Pilgerreiseberichte von 1480: ESCH (wie Anm. 2).

17 Aus der Perspektive des am schwersten betroffenen Venedig (Krieg mit den Türken 1463–79): G. GULLINO in: Storia di Venezia, IV (Roma 1996), S. 62–79. Zum Seeraub A. TENENTI, Venezia e la pirateria nel Levante 1300 c.–1460 c., in: Venezia e il Levante fino al sec. XV, a cura di A. PERTUSI (2 Bde. Firenze 1973), S. 705–771.

18 Luzerner und Innerschweizer Pilgerreisen zum Heiligen Grab in Jerusalem vom 15. bis 17. Jahrhundert, hg. von J. SCHMID (Luzern 1957), mit Beschreibung zahlreicher Inseln S. 300 ff. (bei Troja zeige man vom Schiff das Tor, durch das das Trojanische Pferd gezogen worden sei, S. 307).

19 Der Bericht wurde ediert von L. LE GRAND, Relation du pèlerinage à Jérusalem de Nicolaus de Martoni notaire italien (1394–1395), in: Revue de l'Orient latin 3 (1895), S. 566–669.

20 Niccolò da Martoni S. 578, 582, 589.

21 A. ESCH, Anschauung und Begriff. Die Bewältigung fremder Wirklichkeit durch den Vergleich in Reiseberichten des späten Mittelalters, in: Historische Zeitschrift 253 (1991), S. 281–312.

22 Niccolò da Martoni S. 583, 628, 650, 651.

23 Ebda, S. 580, 639, 648; 643, 627.

24 Ebda, S. 581, 582, 583, 645; beiseite gelassen seien hier die ausführlichen (immer sehr persönlichen) Bemerkungen über Rhodos und Zypern: Inseln, die auch in anderen Pilgerreiseberichten ausführlich vorkommen.

25 Ebda, S. 639, 648, 648.

26 Ebda, S. 643–645.

27 Ebda, S. 646–648.

28 Antoniazzo de Aspello aus Sessa Aurunca, ein adeliger Mitpilger.

29 Vom Herausgeber aus *pernicibus* zu *piscibus* emendiert.

30 Vollständige Bibliographie in Europäische Reiseberichte (wie Anm. 1) I Nr. 83 u. 88; ich zitiere

nach der Ausgabe von K. D. Hassler, Fratris Felicis Fabri Evagatorium in Terrae Sanctae, Arabiae et Egypti peregrinationem, 3 Bde. Stuttgart 1843–49 (Bibliothek des literarischen Vereins in Stuttgart, 2–4); im Vergleich mit anderen Autoren Esch, Gemeinsames Erlebnis (wie Anm. 2).

31 Zu den venezianischen Galeeren-Linien zuletzt D. Stöckly, Le système de *l'Incanto* des galées du marché à Venise (fin XIIIe–milieu XVe siècle), Leiden 1995. Tatsächlich liefen Alexandrien- und Beirut-Linie nicht selten in gemeinsamem Konvoi (S. 138 ff., 174 f.); doch ist die Menschenzahl (wie gelegentlich manches in seinen Berichten) übertrieben.

32 Felix Fabri, Treffen venezianischer Galeeren am Strand von Melos, 1. Dezember 1483: Evagatorium III S. 318–321.

33 *frigeratio* zu emendieren in *fricatio*.

34 Gemeinsame Übersetzung, wie Niccolò da Martoni, mit Doris Esch.

35 Ruy Gonzáles de Clavijo, Embajada a Tamorlán, kritische Ausgabe von F. López Estrada (Madrid 1943, Nachdruck 1999). Hier zitiert nach der jüngsten italienischen Ausgabe: Ruy González de Clavijo, Viaggio a Samarcanda 1403–1406. Un ambasciatore spagnolo alla corte de Tamerlano, a cura di P. Boccardi Storoni (Roma 1999). Einen Gesandten dieses Neu-Milet findet Clavijo in Samarkand.

36 Ebda, S. 40–52.

37 Ebda, S. 46–49. Der Friede von Turin 1381 sah die Schleifung der Befestigungen vor, die genau protokolliert wurde.

38 Vor allem F. Thiriet, La Romanie vénitienne au moyen âge. Le développement et l'exploitation du domaine colonial vénitien, XIIe–XVe siècles, Paris 1975; M. Balard, La Romanie génoise, XIIe-début du XVe siècle (2 Bde., Rome 1978); und zuletzt: Genova, Venezia, il Levante nei secoli XII–XIV, a cura di G. Ortalli e D. Puncuh (Genova 2001); Bisanzio, Venezia e il mondo franco-greco (XIII–XV sec.), a cura di C. A. Maltezou e P. Schreiner (Venezia 2002).

39 Dalla guerra di Chioggia alla pace di Torino 1377–1381. Catalogo della mostra documentaria Venezia 1981, Nr. 168 (Petition von etwa 1381).

40 Documenti della Maona di Chio secc. XIV–XVI, a cura di A. Rovere (Genova 1979); weitere Editionen von Notarsprotokollen von Chios durch A. Roccatagliata, M. Balard, u. a.

41 Ph. P. Argenti, The Occupation of Chios by the Genoese and their Administration of the Island 1346–1566 (3 Bde. Oxford 1958), bes. Bd. I S. 531 ff. Vgl. die besonders ausführliche Karte von Chios in Buondelmontis Inselbuch in der (Anm. 54 genannten) Düsseldorfer Handschrift fol. 50r, dazu A. Effenberger ebda, S. 62 f.; vgl. hier Abb. 21.

42 E. Walser, Poggius Florentinus. Leben und Werke (Leipzig u. Berlin 1914), S. 147 f.; Weiss, Discovery (wie Anm. 55), S. 184 ff.

43 N. Rubinstein, Michelozzo and Niccolò Michelozzo in Chios 1466–67, in: Cultural Aspects of the Italian Renaissance. Essays in Honour of P. O. Kristeller, ed. by C. H. Clough (Manchester 1976), S. 216–228.

44 Balard (wie Anm. 38), bes. S. 739 ff.

45 *Commentarii* (wie I Anm. 19) VII 12.

46 F. Melis, Aspetti della vita economica medievale. Studi nell'Archivio Datini di Prato (Siena 1962): Compagnia di Pisa, di Firenze; Nachrichten s. Tav. XV, aber wenig Briefe s. Prospetto III.

47 Die folgenden Beispiele sind vor allem diesen Portolanen entnommen: Portolan Alvise da Mosto zugeschrieben (Mitte 15. Jh.), hg. von T. Gasparini Leporace, Le navigazioni atlantiche del veneziano Alvise da Mosto (Il Nuovo Ramusio 5, Roma 1966), bes. S. 228–232; Marino Sanudo (frühes 14. Jh.) und Parma-Magliabecchi (15. Jh.), hg. von K. Kretschmer, Die italienischen Portolane des Mittelalters (Berlin 1909), bes. S. 244–246 u. 326–330 mit S. 652–662. Unter den griechischen Portolanen (ed. A. Delatte, Les portulans grecs, Paris 1947) betrifft Nr. III näher den Archipelagos (S. 269–282), doch ohne viel Originalität gegenüber den italienischen Portolanen.

48 Dazu O. Markl, Ortsnamen Griechenlands in «fränkischer» Zeit, Graz–Köln 1966 (Byzantina Vindobonensia I).

49 Dietrich von Ketteler 1519, in: Zeitschrift für vaterländische Geschichte und Alterthumskunde Westfalens 18 (1890) S. 73 f.

50 F. Beaufort, Captain of His Majesty's Ship *Frederiksteen*, Karamania or a Brief Description of the South Coast of Asia Minor and the Remains of Antiquity (London 1817), z. B. Phaselis S. 56–65 (mit Inschriften), Kos S. 84–88, usw.

51 A. Esch, Antiken-Wahrnehmung in Reiseberichten des 15. und frühen 16. Jahrhunderts, in: Grand Tour. Adeliges Reisen und europäische Kultur vom 14. bis zum 18. Jahrhundert, hg. von R. Babel u. W. Paravicini (Beihefte der Francia 60, Ostfildern 2005), S. 115–127.

52 Weiss, Discovery (wie Anm. 55), S. 131.

53 Zu den Formen des Nachlebens A. Esch, Wiederverwendung von Antike im Mittelalter. Die Sicht des Archäologen und die Sicht des Historikers (Hans Lietzmann-Vorlesungen, hg. von C. Markschies und M. Wallraff, Heft 7), Berlin–New York 2005, mit Bibliographie.

54 Zu Cristoforo Buondelmonti R. Weiss, C. B., in: Dizionario biografico degli Italiani 15 (1972), S. 198–200; C. Barsanti, Costantinopoli e l'Egeo nei primi decenni del XV secolo: la testimonianza di Cristoforo Buondelmonti, in: Rivista dell'Istituto nazionale di archeologia e storia dell'arte 56 (2001), S. 83–254; zuletzt, jeweils mit der jüngsten Bibliographie, Cristoforo Buondelmonti, Liber insularum archipelagi. Universitäts- und Landesbibliothek Düsseldorf Ms G 13, Faksimile, hg. von I. Siebert u. M. Plassmann (Wiesbaden 2005). Zu den zahlreichen Handschriften und der Verbreitung des *Liber* ebda, Kap. 1 u. Barsanti, S. 86 ff., und A. Campana, Da codici del Buondelmonti, in: Silloge bizantina in onore di S. G. Mercati (Roma 1957), S. 28–52.

55 R. Weiss, The Renaissance Discovery of Classical Antiquity (Oxford 1973), S. 131 ff.; L. Beschi, La scoperta dell'arte greca, in: S. Settis (Hg.), Memoria dell'antico nell'arte italiana, III (Torino 1986), S. 293–372, bes. 314 ff.; Barsanti, Buondelmonti (wie vor. Anm.), S. 96 ff.

56 *Liber* Nr. 13, Messe *Descr.* S. 123 f. (Zitierweise s. Anm. 59 u. 60). Man fand in Rhodos eine Stele, auf die er einige Sentenzen (‹Erkenne Dich selbst›, u. ä.) und seinen Namen (*dominus presbiter Cristoforus de Bondelmontibus de Florençia*) hatte einschreiben lassen: G. Jacopi, Il ritrovamento d'una epigrafe di Cristoforo Buondelmonti, in: L'Universo, genn. 1930, S. 17–21.

57 Erste Redaktion gegen 1420, verloren; erweiterte Fassung 1420; gekürzt 1422, diese Fassung von Sinner 1824 ediert. Zu Handschriften und Überlieferungsgeschichte s. die in Anm. 54 zit. Literatur.

58 Zu seiner Person zuletzt A. Amberger, Giordano Orsini's ‹Uomini famosi› in Rom (München u. Berlin 2003).

59 Der *Liber insularum* wird im folgenden zitiert (*Liber* mit Nr. der Insel) nach der Ausgabe von Sinner: Christophori Bondelmontii Florentini Librum Insularum Archipelagi e codicibus Parisinis regiis nunc primum totum edidit G. R. L. De Sinner (Lipsiae et Berolini 1824).

60 *Descriptio insulae Cretae* oder *Candie*, erste Redaktion 1417, stark gekürzte Fassung im *Liber insularum Archipelagi* 1420, letzte Fassung 1422. Im folgenden zit. (*Descr.* mit Seite) nach der Ausgabe von E. Legrand, Description des Îles de l'Archipel Grec par Christophe Buondelmonti (Paris 1897; Bd. 2 mit den Anmerkungen ist nie erschienen).

61 Ebda S. 119 f.

62 *Liber* Nr. 59 (doch betrifft die geschilderte Episode Malta: wohl eine Verwechslung von Mytilene und Melite).

63 *Liber* Nr. 19 u. 55.

64 Fernblicke *Liber* Nr. 46, *Descr.* S. 121, 131; Wind, Vögel: *Liber* Nr. 56 u. 45; Thymian *Descr.* S. 127.

65 Allein *Descr.* S. 107, 108, 109; Essen S. 108; Gesang S. 119, 126, 137; Rast S. 111, Begegnung S. 111 f. u. ö., Prügel S. 136 f.; Volksfest S. 135; Honoratioren S. 122.

66 Gespräche *Descr.* S. 133 f. Zur venezianischen Herrschaft auf Kreta zuletzt: Venezia e Creta. Atti

del Convegno internazionale di studi, Iraklion-Chaniá 30 sett.–5 ott. 1997, a cura di G. Ortalli (Venezia 1998).

67 *Descr.* S. 129 (lokalisiert östlich des Bischofssitzes von Arkhadia); unklar ob Spolienverwendung am Gebäude gemeint oder Sammlung von Skulpturen. Doch sind auch die genannten Büsten ein bemerkenswert frühes Zeugnis für Skulpturensammlung und -aufstellung; etwas abweichend die Kurzfassung ebda, S. 152: *viridarium simile paradiso cum sculpturis marmoris antiquissimis aedificari fecit.*

68 Zitate Gortyn *Descr.* S. 129 f.; Schweine S. 109 *(in quibus sues polentum comedebant et sculpturas circum nobilissimas laniabant)*; Köpfe S. 110; Inschrift S. 110; Apostelgeschichte 27, 12.

69 Kos *Liber* Nr. 45, Donousa Nr. 56, Hierapetra *Descr.* S. 105.

70 Schatten *Descr.* S. 107, Sphakia S. 108, Umrisse S. 133; Mosaiken *sub magnis maceriebus reperio* S. 122 f., vgl. S. 106 f., 114; Zisterne S. 118 (Vermessen auch 125 f.).

71 Seriphos *Liber* Nr. 25; Andros Nr. 28 (*nil aliud invenitur nisi magna ac magniffica sculpta* [...]: *deum Mercurium fuisse videtur,* bei einem seiner Attribute Hinweis auf Terenz' Komödie *Andria*); Samos Nr. 54, Siphnos Nr. 24.

72 Naxos Nr. 37; Grazien Nr. 9 (*quarum due facies ad ipsam* [Venerem] *converse erant, una vero in contrarium vertebatur*). Eine solche Gruppe der drei Grazien nachgewiesen bereits in der frühen Sammlung des Kardinals Prospero Colonna, dann des Kardinals Francesco Todeschini-Piccolomini: Ph. P. Bober u. R. O. Rubinstein, Renaissance Artists and Antique Sculpture (Oxford 1986), S. 60 f.

73 Homer *Liber* Nr. 58; Labyrinth *Descr.* S. 130 f.: *arma intrantium et nomina per omnia sunt.* Zum Einritzen von Wappen und Namen D. Kraack, Monumentale Zeugnisse der spätmittelalterlichen Adelsreise. Inschriften und Graffiti des 14.–16. Jahrhunderts (Göttingen 1997): Kreta s. Ortsindex und Woodward (wie Anm. 5).

74 *Liber* Nr. 13. Von einem Depotfund auf Rhodos hörte, Händlerinteressen fürchtend, damals auch Poggio Bracciolini: Walser (wie Anm. 42) S. 148.

75 *Liber* Nr. 32 (ich ergänze Sinners Pariser Handschrift hier stellenweise nach der Düsseldorfer Handschrift). Es handelt sich wahrscheinlich um die archaische Apollon-Kolossalstatue der Naxier, zwischen Apollontempel und antikem Hafen: G. Lippold, Die griechische Plastik (Handbuch der Archäologie, III, München 1950), S. 43.

76 *Liber* Nr. 11, *Descr.* S. 134 f., jeweils unter Nennung der 12 Familien- oder Siedlergruppen mit ihrer Zahl. Daß später auch noch Orsini und Colonna hinzugekommen sein sollen (ebda), gibt freilich – wegen der Beziehungen Buondelmontis zu Giordano Orsini – zu denken.

77 ... *in quibus quidem equi quatuor enei aureati positi erant et Veneti illos Venetiam apud sanctum detulerunt Marcum*: *Liber* Nr. 65. Zur ursprünglichen Aufstellung: I cavalli di S. Marco. Catalogo della mostra (Venezia 1977), S. 137 ff.

78 Z. B. *Descr.* S. 110, 113, 123, 130.

79 Soweit heute in der Laurenziana in Florenz (6 seiner 7 Erwerbungen), verzeichnet bei B. L. Ullman/P. A. Stadter, The Public Library of Renaissance Florence. Niccolò Niccoli, Cosimo de' Medici and the Library of San Marco (Padova 1972), S. 95 f. (gekauft auf Kreta 1415, 1415, 1416, 1418; auf Imbros 1419, auf Andros 1419).

80 S. o. S. 74; folgende Beispiele: *Descr.* S. 130, 133.

81 Zu der – für unser Thema wichtigen – Frage früher Pausanias-Rezeption im Westen (1418 eine Handschrift im Besitz von Niccolò Niccoli, doch sind die erhaltenen Abschriften erst aus der 2. Hälfte des 15. Jhs.) A. Diller, Pausanias in the Middle Ages, in: Transactions and Proceedings of the American Philological Association 87 (1956), S. 84–97; S. Settis, *Citarea* 'su una impresa di Bronconi', in: Journal of the Warburg and Courtauld Institutes 34 (1971), bes. S. 172 f.

82 Weiss, Discovery, S. 136: «Reference to some Roman ruins suggests that Buondelmonti was able to distinguish Greek from Roman monuments.»

83 *Liber* Nr. 58, 17, 46, 47; *Descr.* S. 116, 122, 127.

84 Zur Lebenswirklichkeit dieser *kastra* J.-Cl. Poutiers, Première esquisse d'une étude du «Kastro»

des Cyclades au XVème siècle, in: Byzantinische Forschungen 11 (1987), S. 381–398; W. Hoepfner u. H. Schmidt, Mittelalterliche Städtegründungen auf Antiparos und Kimolos, in: Jahrbuch des Deutschen Archäologischen Instituts 91 (1976), S. 291–339.

85 *Liber* Nr. 34, 37, 40; *Descr.* S. 136.

86 *Liber* Nr. 40 (Ios); verwildert: Nr. 57 (Psara).

87 *Liber* Nr. 21 (Pholegandros), 22 (Poliaigos), 24 (Siphnos), 37 (Naxos).

88 Statt vieler Titel hier nur die jüngste Darstellung des besten Cyriacus-Kenners, mit der neuesten Bibliographie: Cyriac of Ancona. Later Travels, edited and translated by E. W. Bodnar with C. Foss, Harvard Univ. Press 2003 (The I Tatti Renaissance Library, 10); ebda zu den chronologischen Problemen von Vita und Itinerar. Zum weiteren Rahmen von Leben und Wirkung wichtig: Ciriaco d'Ancona e la cultura antiquaria dell'Umanesimo. Atti del Convegno internazionale di Studio Ancona 6–9 febbr. 1992, a cura di G. Paci e S. Sconocchia (Reggio Emilia 1998). Dazu weiterhin die speziellen (teilweise im folgenden zitierten) Studien zu den einzelnen von Cyriacus aufgesuchten Ruinenstätten, erwachsen aus Corpus Inscriptionum Latinarum (zum ägäischen Raum: vol. III) und Inscriptiones Graecae (voll. XI u. XII): die Einleitungen beziehen sich jeweils auf Cyriacus.

89 Vita viri clarissimi et famosissimi Kyriaci Anconitani, in: G. Colucci, Antichità Picene, XV (Fermo 1792), S. LXXII. Eine Neuausgabe von Scalamontis Vita jetzt durch Ch. Mitchell u. E. W. Bodnar: Transactions of the American Philosophical Society vol. 86 part 4 (Philadelphia 1996).

90 Die Quellen (Briefe und Reisetagebuch) jetzt zusammengestellt von Bodnar (wie Anm. 88): ich zitiere die Briefe nach der Nummer, das Tagebuch (*Diar.*) nach der Seite dieser Edition.

91 Zum Überlieferungsschicksal E. W. Bodnar S. J., Cyriacus of Ancona and Athens, Bruxelles 1960 (Collection Latomus 43), S. 69 ff., und zuletzt Ders., Cyriaco's Cycladic Diary, in den Atti zit. Anm. S. 49–70; dazu unten Anm. 98.

92 Briefe (s. Anm. 90) Nr. 1; Nr. 28; *Diar.* S. 136, 136 f.

93 Briefe Nr. 30, 32.

94 Dazu B. Ashmole, Cyriac of Ancona and the Temple of Hadrian at Cyzicus, in: Journal of the Warburg and Courtauld Institutes 19 (1956), S. 179–191.

95 Zur aktuellen Lage Bemerkungen in Brief Nr. 2, 16, 25, 34, 39, 40, 49.

96 Plutarchs *Moralia*: *Diar.* S. 124 (Codex Vaticanus graecus 1309 mit autographem Kaufvermerk vom 25. November). Die zu dieser Reise in der nördlichen Ägäis gehörenden Zeichnungen bei E. W. Bodnar and Ch. Mitchell, Cyriacus of Ancona's Journey in the Propontis and the Northern Aegaean, 1444–1445, Memoirs of the American Philosophical Society, vol. 112 (Philadelphia 1976), fig. 1–24.

97 *Diar.* S. 60, 106; Brief Nr. 4, 32.

98 Auszüge aus seinem Tagebuch über die Besuche auf Mykonos, Delos, Naxos, Paros sind überliefert in 1. Codex Vaticanus latinus 5252 (daraus Abb. 23 von der Hand des Venezianers Pietro Dolfin 1464 in Rimini; Naxos fehlt), und 2. Codex Monacensis latinus 716 durch Hartmann Schedel wohl während seines Studiums in Padua 1463–66 (sowie, 3., der Codex Riccardianus 996 in Florenz nur mit Inschriften) – ohne daß beide zusammen den ursprünglichen Text vollständig ergäben. Zu den Unterschieden in den gemeinsamen Teilen Bodnar, Cycladic Diary, S. 51 ff. u. 63 ff.

99 Brief Nr. 22 S. 148.

100 Indizien bei Barsanti S. 87 ff.

101 Weiss, Discovery (wie Anm. 55), S. 66 ff.

102 *Diar.* S. 154, 164. Zu den genannten Monumenten E. W. Bodnar, A Visit to Delos in April 1445, in: Archeology 25 (1972), S. 210–215. Die genannte Münchner Handschrift des Hartmann Schedel (s. o. Anm. 98) enthält eine Zeichnung der Statue, s. Barsanti (wie Anm. 54), S. 157.

103 Abb. in Esch, Wiederverwendung (wie Anm. 53), Abb. 13.

104 Brief Nr. 28 (Friese? *lista*, eigentlich ‹Streifen›); Wiederverwendung auch *Diar.* S. 168 (zu korrigieren: *ex* vetustis). Venedig s. u. S. 105 f.

105 Am venezianischen Kastro «in solcher Höhe, daß wir sie nur mit Fernglas vom Dach eines benachbarten Hauses aus lesen konnten»: O. Rubensohn, Geschichte der wissenschaftlichen Erforschung von Paros, in: Athenische Mitteilungen 25 (1900), S. 351 f. Anm. 3, mit sorgfältiger Besprechung der Paros-Stellen bei Buondelmonti und Cyriacus. Inschriften versunken: *Diar.* S. 170; Stollen: S. 174.

106 Brief Nr. 28 (*corpora nuper Cursino ipso curiosissimo curante principe defossa*). Augustus-Inschrift *Diar.* S. 168 (weitere selbst verfaßte Inschriften: *Diar.* S. 108, 134 f.)

107 Zur politischen Seite seiner Reisen z. B. E. W. Bodnar, Ciriaco d'Ancona and the Crusade of Varna, in: Mediaevalia 14 (1988), S. 253–280.

108 Ich folge der – manchmal hypothetischen – Rekonstruktion des Itinerars bei Bodnar. Kreta: Briefe Nr. 23–27.

109 D. h.: den Zuschauerraum zwischen unterem und mittlerem Rang; der oberste ging beim Bau des mittelalterlichen Theaterkastells verloren.

110 Marmorlöwen, die die (von den Archäologen darum so genannte) «Löwenbucht» flankierten.

111 Brief Nr. 30 S. 218 ff.; Didyma S. 222.

112 G. Kleiner, Die Ruinen von Milet, Berlin 1968, S. 22; zu den mittelalterlichen Bauzuständen, wie Cyriacus sie in Milet und Didyma vorfand, W. Müller-Wiener, Mittelalterliche Befestigungen im südlichen Jonien, in: Istanbuler Mitteilungen 11 (1961), S. 5–41.

113 Zum Beispiel ‹Chryse› bei Foça Brief Nr. 7; Perinthos *Diar.* S. 60, Imbros S. 92, Samothrake S. 100, Thasos S. 108–112. Zur Beachtung bloßen Mauerwerks A. Esch, Leon Battista Alberti, Poggio Bracciolini, Andrea Mantegna. Zur Ikonographie antiker Mauern in der Malerei des Quattrocento, in: Leon Battista Alberti – Humanist, Kunsttheoretiker, Architekt, hg. von J. Poeschke und C. Syndikus (Münster 2007), Anm. 8 u. 9. – Zu seinen Zeichnungen: C. Hülsen, Il libro di Giuliano da Sangallo. Codice Barberino latino 4424 (Lipsia 1910), S. 39–45; A. Nesselrath, I libri di disegni di antichità. Tentativo di una tipologia, in: Settis, III (wie Anm. 55), bes. S. 100 f.; C. R. Chiarlo, «Gli fragmenti dilla sancta antiquitate». Studi antiquari e produzione delle immagini da Ciriaco d'Ancona a Francesco Colonna, in: ebda I, bes. S. 271 ff.

114 *Diar.* S. 62, 64, 68, 150, 162.

115 *Diar.* S. 110: Francesco Gattilusio auf Thasos; dazu B. Ashmole, A Lost Statue Once in Thasos, in: Fritz Saxl 1890–1948, ed. D. J. Gordon (London 1957), S. 195–198.

116 *Diar.* S. 106; Export s. u. Anm. 122–124.

117 Brief Nr. 28; Münzen: *Diar.* S. 84; Nr. 23, 25.

118 Brief Nr. 32; Theater *Diar.* S. 112.

119 *Diar.* S. 72, 116; 114; Stadtmauern: s. o. Anm. 113.

120 Brief Nr. 45.

121 *Memoratu digna* und *Jubilatio* (Gardasee, Sept. 1464), ed. P. Kristeller, Andrea Mantegna (Berlin und Leipzig 1902) Dok. 34, seither oft behandelt.

122 La Basilica di San Marco in Venezia illustrata nella storia e nell'arte da scrittori veneziani sotto la direzione di C. Boito (Venezia 1888), S. 390.

123 F. W. Deichmann (Hg.), Corpus der Kapitelle der Kirche von San Marco zu Venedig (Wiesbaden 1981), S. 12 (insgesamt 145 Säulen).

124 Inscriptiones Creticae, a cura di M. Guarducci, I (Roma 1935), S. 116 Nr. 5.

125 Ludolph von Sudheim s. o. Anm. 10. Spolien-Import nach Genua: R. Müller, *Sic hostes Janua frangit*. Spolien und Trophäen im mittelalterlichen Genua (Weimar 2000).

126 A. Carile e G. Fedalto, Le origini di Venezia (Bologna 1978), S. 66 f., 98 f., u. ö. Zu Venedig und griechischer Welt jenseits der Spolien-Frage Beschi (wie Anm. 55), S. 326 ff.; A. Pertusi, L'umanesimo greco, in: Storia della cultura veneta III 1 (Vicenza 1980), S. 177–264.

127 H. KAMMERER-GROTHAUS, Zu italienischen Levante- und Troasreisen – Florenz als Bildungslandschaft, in: Studia Troica 15 (2005), S. 247–267; S. 254 f. Benedetto Dei; E. BORSOOK, The Travels of Bernardo Michelozzi and Bonsignore Bonsignori in the Levant (1497–98), in: Journal of the Warburg and Courtauld Institutes 36 (1973), S. 145–197.

128 F. BABINGER, Mehmed der Eroberer und seine Zeit (München 1953), S. 134 ff.; K. M. SETTON, The Papacy and the Levant, II: The Fifteenth Century (Philadelphia 1978), S. 161 ff.

129 D. S. CHAMBERS, Popes, Cardinals, and War (London 2006), S. 49. Inventar Admiralsschiff: A. ESCH, Economia, cultura materiale ed arte nella Roma del Rinascimento. Studi sui registri doganali romani 1445–1485 (Roma 2007), cap. III Anm. 66.

130 Dazu Pius in seinen *Commentarii* IV 22; SETTON (wie Anm. 128) II, S. 224 ff.; 1460 besucht den Papst *del qual lui era capitano qui in una insula che se adimanda Stelimine* (= Lemnos) *Michiel Castilion,* informiert *deli progressi del Turcho*: Empfehlungsschreiben 5. 6. 1460 aus Negroponte/Euböa in ASSiena, *Concistoro* 1997, c. 69.

131 Biblioteca Apostolica Vaticana, Cod. Ottob. lat. 1938 fol. 1r–8v; nicht in J. HANKINS, Renaissance Crusaders: Humanist Crusade Literature in the Age of Mehmed II, in: Dumbarton Oaks Papers 49 (1995), S. 111–207. Zum Autor (aus Capua, 1474 Bischof von Satriano, dann S. Severina) P. O. KRISTELLER, Iter Italicum, II (Leiden 1963), S. 434 u. ö.

132 Zum Verlauf des Unternehmens BABINGER S. 338 ff., SETTON II S. 316–318 (mit den päpstlichen Ausgaben für die Flotte).

133 Ein Teil der päpstlichen Schiffe erreichte Patmos von Ancona aus (f. 4r).

134 H. M. DENHAM, The Aegean. A Sea-Guide to its Coasts and Islands (London [2]1970), S. 138.

135 Zitate *Libellus* fol. 5r (*Nonacris* = Arkadien; Theater: *extare proceras mireque altitudinis columnas theatri instar Junoni dicatum, ut memoria proditum est*).

136 Teile der Hafenkette, ursprünglich aufgehängt innen über der *Porta Ravenniana* von Alt-St. Peter (dem Portal gleich links vom Hauptportal), befinden sich heute in der Sakristei.

137 De docta ignorantia, in: Nikolaus von Kues, Werke, Bd. I, hg. von P. Wilpert (Berlin 1967), S. 100 (abschließender Brief an Kardinal Cesarini). Dazu E. MEUTHEN, Nikolaus von Kues, 1401–2001, in: Mitteilungen und Forschungsbeiträge der Cusanus-Gesellschaft 28 (2003) S. 10 f.

Bildnachweis

Berlin, bpk/Gemäldegalerie, SMB/Jörg P. Anders Abb. 19
Düsseldorf, Universitäts- und Landesbibliothek Düsseldorf, Ms G 13 fol. Abb. 21
Florenz, Scala Archives Abb. 1, 4, 8, 10, 11, 14, 16, 17, 20 (Opera Metropolitana Siena), 22
Florenz, Biblioteca Medicea Laurenziana Abb. 5
Florenz, Soprintendenza speziale per i Polo Museale Fiorentino Abb. 12 (entnommen aus dem Band «*Roma Decore Nudata*» von Antonio de Giuliano, Rom 2002)
London/Berlin, Bridgeman Art Library Abb. 9, 13
London, National Gallery Abb. 18
Mantua, Archivio di Stato Mantova, autorizzazione 53/2007 S. 19
Rom, Archivio di Stato Roma, autorizzazione 20/2007 S. 38
Rom, Arnold Esch Abb. 3, 6, 25
Rom, Soprintendenza Archeologica di Roma Abb. 7
Vatikan, Biblioteca Apostolica Vaticana Abb. 2, 23, 24
Weilheim, Artothek/Ursula Edelmann Ab. 15
Nach: E. Armao (Florenz 1931, Leo S. Olschki) Abb. 26